Günther Kraus

Alles hat seine Zeit
Ein Leben in Franken

Reihe Buchfranken - Bücher über und aus Franken
Herausgegeben von Prof. Dr. Hermann Glaser und Dr. Johann Schrenk

Bd. 17 Günther Kraus, Alles hat seine Zeit

Bd. 1 Godehard Schramm, Drei ganz Besondere
Bd. 2 Günter Höhne (Hg.), Des Flusses und der Liebe Wellen
Bd. 3 Siegfried Kett, Erhellung und Beschleunigung
Bd. 4 Winston Kelley, Amerikanische Dichter & Denker in Franken
Bd. 5 Hermann Glaser, Zwischen Furchenglück und Sphärenflug
Bd. 6 Hermann Glaser (Hg.), Lukullus in Franken
Bd. 7 Otto Glaser u.a., Gedichte von Vergessenen
Bd. 8 Rainer Hambrecht u.a., Das braune Franken
Bd. 9 Franz Sonnenberger, Der Brückenbauer
Bd. 10 Hermann Glaser, Irgendwie traurig, vielleicht auch heiter
Bd. 11 Bernd Siegler/Chr. Bausenwein, Franken Fußball I
Bd. 12 Bernd Siegler/Chr. Bausenwein, Franken Fußball II
Bd. 13 Jürgen Walter, Ich kann nicht mehr zurück ...
Bd. 14 Manfred Schreiner, Mit schüchternem Stolz ...
Bd. 15 Michaela Domes (Hg.), Die ganze Welt ist Bühne ...
Bd. 16 Dieter Gärtner, Der Medicus von Bamberg

Sonderband 01: Hermann Glaser (Hg.),
In Franken wieder Heimat finden
Sonderband 02: Lichtbild(n)er, Fränkisches Bilderbuch
des Meister-Photographen Horst Schäfer

Impressum

© Schrenk-Verlag
Inh. Dr. Johann Schrenk
Alramweg 3, 91187 Röttenbach
schrenk@buchfranken.de / www.buchfranken.de
Satz und Layout: Schrenk-Verlag
Redaktion: Hermann Glaser und Johann Schrenk
Cover: Gestaltung Schrenk-Verlag, unter Verwendung
eines Bildes von Günther Kraus
Herstellung: BoD – Books on Demand, Norderstedt

Originalausgabe 2018
ISBN 978-3-924270-27-8

Günther Kraus

Alles hat seine Zeit

Ein Leben in Franken

Buchfranken
Bücher über und aus Franken
im Schrenk-Verlag

Für meinen Vater

Bibliografische Informationen der Deutschen Nationalbibliothek
Die Deutsche Nationalbibliothek verzeichnet diese Publikation
in der Deutschen Nationalbibliografie;
detaillierte bibliografische Daten sind im Internet über
http://www.dnb.de abrufbar

Inhalt

Außer der Zeit gehört uns nichts.

Seneca

Vorwort

Warum schreibt jemand sein Leben auf?

Der eine, um mitzuteilen, wie es wirklich war. Der andere, um der Flüchtigkeit der Zeit wenigstens ein bisschen zu entgehen.

Beide Gründe haben mich nicht bewogen, die folgenden Seiten niederzuschreiben. Ich bin keine bekannte Persönlichkeit, von der man sich Enthüllungen erwartet, noch kann und will ich damit dem Vergessen weniger rasch entgehen.

Wenn man ein bestimmtes Alter erreicht hat, ist es natürlich, dass man auf die gelebten Jahre zurückblickt. Vielleicht fürchtet man ja, dass man dies bald nicht mehr tun kann. Bei vielen verklären sich die entfernten Kinder- und Jugendjahre; sie möchten sich diese noch einmal vor Augen halten, um Gebrechen und Beschwerlichkeiten des Alters wenigstens kurzfristig zu verdrängen. Oder man möchte auch so etwas wie eine Bilanz ziehen, Soll und Haben gegenüberstellen, eine Rendite ermitteln. Hat sich dies alles gelohnt?

Ich will weder meine Kinder- und Jugendjahre noch einmal erleben, noch will ich der Gegenwart entfliehen. Ich frage mich ebenso wenig – schon gar nicht in der Öffentlichkeit –, ob sich mein Leben gelohnt hat oder ob es ein Flop war. Meine Absicht ist, manches, das in unserer schnelllebigen Zeit zu vergessen droht, zu bewahren, etwa das mittelfränkische Dorf meiner Kindheit und Jugend, das Leben auf dem Lande mit seinen engen Grenzen, die Nachkriegszeit mit ihrem Wandel von Not zum Wohlstand. Ich möchte auch zu manchen Themen Stellung nehmen, die irgendwie mit mir zu tun haben, die aber vielleicht nicht nur für mich relevant sind.

Natürlich weiß ich, dass mein Sein und Werden nicht außergewöhnlich sind, doch bei meinem Rückblick ist mir aufgefallen, dass sie – aus soziologischer Sicht – typisch, exemplarisch für meine Nachkriegsgeneration sind: Ein Mensch von kleinbürgerlichem Herkommen lebt auf dem Land (in Franken), klettert einige Stufen der sozialen Leiter hinauf, weil die Umstände dafür günstig sind, zeigt durch Beruf und Einstellung die Lebensweise eines Mittelstandsangehörigen, entfernt sich nicht nur räumlich von seiner personalen dörflichen Umwelt, lebt in der Stadt und seine Bodenhaftung ist so stark, dass er seinen Lebensraum nur urlaubsbedingt verlässt. In diesem knappen Lebensabriss können sich gewiss viele, die bei Kriegsende oder kurz nach dem Krieg geboren wurden, wiederfinden. Man sollte nicht nur von Zeitgeist, sondern auch von Zeitleben sprechen!

Der Leser wird also vergeblich nach Anekdoten und Histörchen Ausschau halten; ich denke, Schulgeschichten etc. gibt es genügend. Vielleicht vermögen diese Zeilen auch einem jungen Menschen die Nachkriegsgeneration, die als Eltern oder Großeltern erlebt wird, etwas näher zu bringen, beizutragen zum Verständnis, warum sie so ist, wie sie geworden ist.

Vaterlos

Ich glaube, ich träumte nur einmal von meinem Vater, warum sollte ich auch, ich kannte ihn ja nicht. Auf einem mageren Pferd ritt er durch einen Hohlweg auf mich zu. Ich freute mich. Damals war ich vielleicht sieben oder acht Jahre. Als 11-jähriger – dies Bild habe ich heute noch vor meinen Augen – durchblättere ich neugierig und ein wenig aufgeregt die Zeitung mit den Fotos der Kriegsgefangenen, die durch Adenauers Moskau-Besuch 1955 freikamen, und bin enttäuscht, dass mein Vater, den ich sicher gar nicht erkannt hätte, nicht unter den ausgemergelten Männern ist, die aus den Zügen steigen, auf Bahnsteigen Angehörige umarmen.

Wäre nicht die Mutter gewesen, die gelegentlich wegen ihres vermissten Mannes weinte, hätte ich keinen Gedanken an diesen mir unbekannten Menschen verschwendet. Als 14-jähriger freilich wurde ich noch einmal nachdrücklich an ihn erinnert. Nachdem seine sterblichen Überreste – oder besser seine Kennnummer – gefunden worden waren, wurde dies meiner Schwester und mir – schonend, wie man so etwas zu tun pflegt – von einer Bekannten mitgeteilt. Auch mir kamen die Tränen. Da unsere Mutter verreist war – vielleicht zum ersten Male allein –, mussten wir ihr später diese Nachricht nahe bringen. Kinder teilen ihrer Mutter den Tod des Ehemannes und Vaters mit! Heute würde man von einer Überforderung sprechen; damals war man weniger zimperlich. Als meine Mutter erstmals am Grab ihres seit 13 Jahren vermissten Mannes stand, war es für sie beruhigend zu wissen, dass er nicht Jahre lang als Gefangener in Sibirien leiden musste, sondern vermutlich rasch in den letzten Kriegstagen – am 30. März 1945 – starb (d.h. wahrscheinlich erschossen wurde), und dass die Ungewissheit endlich vorüber war.

Solche oder ähnliche Schicksale gab es damals viele.

Alexander Mitscherlich hat zu Recht unsere Generation nach 1945 als die „vaterlose Gesellschaft“ bezeichnet. Wie sehr uns Kindern der Vater fehlte, können wir erst heute als Erwachsene ermessen. Wenn wir jetzt Väter mit ihren Kindern spielen sehen, müssen wir feststellen, dass uns vieles entgangen ist. Es gab in unserer Kindheit nicht den Mann, der mehr wusste als wir und den wir deshalb um Rat fragen konnten, der uns bei unseren Problemen zu helfen vermochte, auf den wir stolz waren. Uns Jungen fehlte das Vorbild. Wir vaterlosen Kinder wurden von den Müttern erzogen, nicht selten gab es überhaupt nur Frauen im Haushalt: Tanten, Großmütter, ältere Schwestern. Sind wir Jungen deshalb weicher, weiblicher, weibischer geworden? Eine generelle Antwort wird es nicht geben. Aber mir hätte ein männliches Element sicher gut getan – damals und später. Spielte ich deswegen vor allem mit Mädchen und waren mir die Jungenspiele deshalb zu rau?

Freilich gab es auch die andere Seite. Uns engten nicht zwei Erzieher ein, und wir Jungen wurden vielleicht rascher erwachsen, zumal wenn es keine Brüder gab. Wir wuchsen schon als Jugendliche in die Rolle des männlichen Haushaltungsvorstands hinein. Ich erinnere mich an einen etwas älteren Jungen, der bereits als Hauptschüler die Rolle des verantwortlichen Bauern übernahm, da der Vater nicht mehr aus dem Krieg zurückgekommen war; immerhin war sein Bauernhof der größte in seinem Dorf. Die zwei kleineren Schwestern hatten sich selbstverständlich seinen Anweisungen unterzuordnen und der Einfluss der Mutter ging rasch zurück. Das klingt gut in männlichen Ohren, war aber nicht immer angenehm. Erstens sollte man dem Jugendlichen seine Zeit des Reifens zugestehen und zweitens waren wir auch oft überfordert. Häufig mussten wir zusätzlich die Rolle des Ehepartners übernehmen. Die Mütter klammerten sich an ihre Söhne, wollten sie nicht auch noch verlieren, sahen in ihnen den Mann im Haus. Den Ablöseprozess hat dies nicht gefördert; so manches Muttersöhnchen ist daraus geworden.

Und wenn mein Vater unter den Heimkehrern aus Russland gewesen wäre? Hätte ich mich wirklich gefreut? Hätte ich diesen fremden Menschen, der sicher seine väterliche Autorität eingefordert hätte, akzeptiert, hätte ich ihn lieben können? Hätte ich ihn nicht als Eindringling in die Familie verstanden? Es klingt nicht schön, wenn ich selbst nachträglich nicht traurig bin, dass es so war, wie es war, das heißt aber auch, dass ich seinen Tod billigend in Kauf nehme.

Hatten die Kinder ihren Vater gekannt, sah es wieder ganz anders aus. Meine sechs Jahre ältere Schwester vermisste ihn, erinnerte sie sich doch an gemeinsame Erlebnisse mit ihm, wenn er seine wenigen Urlaubstage während des Krieges zu Hause verbrachte. Vermutlich wurden diese Erlebnisse im Nachhinein immer schöner und wertvoller. Wie sehr sie unter dem Verlust litt, wurde mir klar, als ich ein Jugendlicher war. Meine Mutter und ich umarmten uns aus irgendeinem Grund und brachten unser gutes Verhältnis zum Ausdruck, meine Schwester stand uns gegenüber, brach plötzlich in Tränen aus, beklagte, dass der Vater nicht da sei, der sie jetzt umarmen würde. Für einen kurzen Moment zeigte sich der Schaden, der der Kinderseele zugefügt worden war.

Als älterer Mensch denke ich merkwürdigerweise öfter an den Vater. Ich frage mich, wofür hat dieser Mann gelebt? Wer denkt eigentlich noch an ihn? Hat sein Tod eine Lücke hinterlassen? Ist sein Leben überhaupt erwähnenswert? In den 30er Jahren war er Ziegelmeister an zwei Orten, wurde 1939 eingezogen, mindestens einmal sehr schwer verletzt (Genaueres weiß ich gar nicht.) und starb bei „leichtem Feindbeschuss“ in der Nähe von Aschaffenburg, fünf Wochen vor Kriegsende. Er wurde nicht einmal 37 Jahre alt. Wenn er nicht zwei Kinder gezeugt hätte, würde sich niemand mehr an ihn erinnern. Ein mageres Ergebnis einer Lebensbilanz! Es ist schwer, den Sinn eines solchen Lebens zu erkennen. Nicht einmal auf seinem Grabstein wird man ihm gerecht; aus Versehen wurde nicht sein Geburtstag, 6. August, sondern meiner, 24. August, eingemeißelt.

Ein wenig wird er aus der Vergessenheit zurückgeholt, wenn meine Frau und ich ihm – zusammen mit den anderen Elternteilen – nach guter katholischer Sitte eine Kerze entzünden.

In meiner Klasse der Volksschulzeit gab es mehrere Kinder, deren Vater gefallen oder vermisst war, d.h. der Krieg wirkte viele Jahre nach der Kapitulation weiter und beeinflusste ihr Leben. Die Mutter eines Mitschülers musste ihre drei Jungen allein erziehen und wurde darüber depressiv, zumal ihr Vater aus dem 1. Weltkrieg ohne Arme und dementsprechend hilflos zurückgekommen war. Hätte es nicht die bestimmende Großmutter gegeben, wäre die Familie vermutlich im Chaos versunken. Solche und ähnliche Fälle wird jeder anführen können – und dabei vielleicht auf die gegenwärtige Situation verweisen. Auch heute gibt es genügend Kinder ohne vollständige Familien. Dennoch dürfte es einen wesentlichen Unterschied geben. Wir Kinder hatten in der Regel das, was heute viele vermissen: Geborgenheit. Trotz Armut, ungeordneter Verhältnisse, Flüchtlings-Daseins, Vaterlosigkeit vermissten wir nichts oder kaum etwas, hielten die jeweilige Situation für normal, arrangierten uns und fanden menschliche Wärme vor. So sind wir zwar eine „vaterlose Gesellschaft“, aber keine Gesellschaft ohne Liebe gewesen – ohne idealisieren zu wollen.

Eine starke Frau

Wenn die Väter fehlen, sind die Mütter, die Frauen gefragt. Wir alle wissen um die Leistung der Frauen vor allem während des Krieges, der „Trümmerfrauen" und der Kriegerwitwen. Sicherlich haben sie das Fundament der späteren Emanzipation gebildet. Niemand hat sie nach ihrem Willen gefragt, sie selbst hatten keine Zeit darüber nachzudenken, was sie wollen, sie mussten die jeweilige Situation meistern – oder untergehen.

Auch im konkreten Alltag, besonders in einem kleinen Dorf, zeigte sich die Lebensbewältigung der Frauen. Die wenigsten von ihnen konnten ausschließlich die traditionelle Rolle der Hausfrau und Mutter einnehmen, es sei denn, sie stammten aus der gutbürgerlichen Schicht. Die anderen mussten, wollten sie überleben, ein Arbeitsverhältnis eingehen. Meine Mutter glaubte zuerst, ihr Herkommen aus der Mittelschicht lasse es nicht zu, „den Dreck anderer Leute wegzuputzen", und war dann froh, vielleicht sogar glücklich, die Hausmeisterstelle der Volksschule zu erhalten, zumal sie im Laufe der Jahre eine respektierte, ja geachtete Persönlichkeit dieser Institution und deshalb auch eine bis zu einem gewissen Grad geschätzte Mitbürgerin des Dorfes wurde. Erreicht hat sie dies wohl vor allem durch ihr Mitgefühl und ihre Hilfsbereitschaft den Kindern gegenüber – bei aller Resolutheit. Auch den Lehrkräften gegenüber konnte sie auf gleicher Augenhöhe begegnen. Und trotzdem litt sie ein Leben lang, wie viele andere Frauen ihrer Generation, darunter, dass sie – wie sie sich ausdrückte – „als junges Mädchen nichts lernen durfte". Zwar las sie, überprüfte unsere Aufsätze nach Rechtschreibung und Kommasetzung, konnte freilich später mit unserem Schulwissen immer weniger anfangen und spürte in bestimmten Situationen die gesellschaftliche Hierarchie in einer Dorfgemeinschaft von zweitausend Einwohnern. Und dann fehlte natürlich der Ehemann. Eine Frau hatte es damals viel schwerer sich zu behaupten als ein Mann. Mutters (bescheidene) Auflehnung zeigte sich vielleicht im Gottesdienst. Sie saß nicht, wie es sich gehörte, bei den Frauen unten im Kirchenraum, sondern auf der Empore, wo die Ehepaare und die Männer ihren Platz einnahmen. Der Pfarrer sprach sie wegen dieses Regelverstoßes sogar einmal an. Wir können uns heute nur schwer vorstellen, wie konservativ und von der Tradition geprägt das Leben nach dem Krieg bis in die 70er Jahre war – zumindest auf dem Land. Eine Frau in langen Hosen galt noch in den 50er Jahren als mehr oder weniger unmoralisch.

Meine Mutter war nicht frei von diesen tradierten Vorstellungen. Die farblos lackierten Fingernägel meiner Schwester wurden beispielsweise zum Familiendrama stilisiert. Natürlich darf die soziale Kontrolle einer dörflichen Gesellschaft nicht übersehen werden, und was dort die Mehrheit tut oder lässt, muss beachtet werden – zumal von einer Kriegerwitwe mit zwei Kindern. An gravierende Verstöße unsererseits kann ich mich nicht erinnern; wir waren brave Mitglieder der Dorfgemeinschaft, und eine herausragende Auflehnung gegen die Mutter gab es wohl auch nicht.

Dass der Vater über viele Jahre vermisst war, hatte für uns Kinder praktische Folgen. Wir durften z.B. nicht in dem zum Schwimmen geeigneten Weiher baden. Nicht weil uns die Mutter diese Freude nicht gönnte, sondern weil sie Angst hatte, es könnte uns etwas passieren und sie könnte die zwei Kinder dem zurückgekehrten Vater nicht unversehrt übergeben. Es gab also eine Überängstlichkeit aus Verantwortung.

Interessant ist aber auch, dass die Erziehung des Mädchens viel restriktiver war als die des Jungen. Ich konnte – vor allem als Jugendlicher – Dinge tun, von denen meine Schwester nicht einmal träumen durfte. Gerechterweise muss hinzugefügt werden, dass sechs Jahre Altersunterschied vorlagen und die Mutter dem Zeitgeist nicht entfliehen konnte.

Ich bin heute erstaunt, was ein Mensch, was eine Frau an alltäglicher Arbeit leisten kann. Meine Mutter versah den Hausmeisterposten, heizte im Winter in aller Frühe sieben Klassenzimmer, verkaufte in den Pausen Kakao und Milch, reinigte nach Schulschluss die Öfen, putzte mit einer Nachbarin zusammen die Schule, pflegte den Gemüsegarten und hegte liebevoll eine Reihe von Rosenstöcken, kochte stets ein gutes Essen, richtete den Haushalt etc. Und als sie gefragt wurde, ob sie nicht auch einigen Kindern aus dem Nachbardorf mehrmals in der Woche ein Essen vorsetzen könne, sagte sie nach einigem Zögern zu. In einer drei Kilometer entfernten Mühle, zu der sie mit einem alten Fahrrad auf holperiger Straße fuhr, erledigte sie die Buchhaltung. Wahrlich eine lange Liste von Tätigkeiten! Natürlich mussten wir unseren Beitrag leisten, doch war er sicher insgesamt bescheiden. Meine Mutter war fleißig, aber gewiss war sie keine Einzelerscheinung. Wer überleben wollte, der musste anpacken. Jammern galt nicht. Auch das war der Zeitgeist.

Ihre Erziehung war streng, konventionell, wenn sie ein Verbot aussprach, gab es kaum eine Möglichkeit, darüber zu diskutieren. Natürlich war damals der Außendruck viel geringer. Wenn heute die Freunde anderer Auffassung als die Eltern sind, haben letztere kaum eine Chance. Wenn unsere Eltern eine Entscheidung trafen, dann war sie in der Regel endgültig. Da es kein Fernsehen gab, lernten wir vieles auch nicht kennen, keine anderen Verhaltensweisen, keine Alternativen, keine Vorbilder. Wir waren unwissend und passten uns an, von wenigen Ausnahmen abgesehen. Allerdings empfanden wir uns oft ungerecht behandelt. Zum Beispiel räuberten wir im Wald umher und sollten zu einer bestimmten Zeit zu Hause sein, nur hatten wir keine Uhr. Niemand. Folglich kamen wir immer zu spät heim und mussten negative Sanktionen hinnehmen. Logik und Argumentation hatten wenig Raum – dies galt wohl für die meisten Kinder damals.

Da es neben unserer Mutter keinen weiteren Erwachsenen im Haushalt gab, lernten wir zum Glück den Satz anderer Familien nicht kennen: „Wenn Erwachsene sprechen, haben Kinder zu schweigen." Wir waren gleichberechtigte Gesprächspartner. Auch der Spruch, der heute noch in vielen Familien gesagt wird: „Solange du deine Füße unter meinem Tisch hast, machst du, was wir wollen!", ist mir unbekannt. Aber viel schlimmer war für mich eine andere Drohung, um deren Ausmaß meine Mutter keine Ahnung hatte. „Wenn du mich weiterhin so ärgerst, sterbe ich, und du kommst ins Waisenhaus!" Ein Albtraum, zumal sie diesen Satz öfter in Konfliktsituationen äußerte. Wenn Erwachsene oft wüssten, was sie mit Drohungen bewirken! Ich bin sicher deswegen nicht braver geworden, aber eine mögliche künftige Unterbringung im Waisenhaus war für mich bedrückend. Natürlich wurde darüber nie gesprochen. Warum sagt ein Kind nicht, dass es eine Äußerung belastet?

Bei aller Couragiertheit schlummerten in der Mutter Ängste: Angst um den Mann, Angst um die Kinder, Angst um die Existenzsicherung. Diese Ängste schien ich aufgenommen zu haben. Ich war ein ängstliches Kind, ohne dass es die Außenstehenden wahrnahmen, es sei denn, sie hörten mich am Abend laut singen, wenn ich die Toilette, außerhalb der Wohnung gelegen, aufsuchte, wenn ich in den Keller musste, der in einer Scheune lag, wenn ich bei Dunkelheit durch das Schulgebäude ging. Diese konkreten Ängste schlummern heute noch in mir als eine diffuse Angst und ich musste und muss sie immer auf rationale Art, nicht mehr durch Gesang, überwinden.

Problematisch war auch, dass ich eine relativ alte Mutter hatte. Als ich zwölf war, feierte sie ihren 50. Geburtstag – und immer die Angst, dass sie sterben könnte und ich ins Waisenhaus müsste. Schrecklich!

Meine Volksschule

An meine Zeit im Kindergarten habe ich wenig Erinnerung. Ich sehe allerdings sehr genau, wie entweder meine Mutter oder eine befreundete Frau ein brüllendes Kind hinter sich herzerrt und schließlich den Kindergärtnerinnen übergibt. Nach wenigen Minuten war ich in die Kinderschar integriert und aller Kummer vergessen. Dies wiederholte sich längere Zeit täglich.

Die zwei Kindergärtnerinnen, Tante Kuni und Tante Margaret, versorgten etwa 50 bis 60 Kinder, eine für heutige Verhältnisse riesige Anzahl. Aber die Kinder waren damals noch leichter zu haben, zeigten kaum auffällige Verhaltensweisen und waren vermutlich – ohne dass es ihnen freilich bewusst war – dankbar für das vorhandene Spielzeug und für all das, was man ihnen im bescheidenen Maße bot. Besonders gerne erinnere ich mich an das Spielen im großen Garten, in dem unter gewaltigen Kastanien zwei oder drei große Sandkästen eingelassen waren.

Eigentlich gab es keinen erkennbaren Grund, zum Glück gezwungen zu werden!

Und doch musste mein Verhalten eine Ursache haben. Ich vermute, dass es mein Bedürfnis war, allein zu spielen. Ich konnte mich zum Beispiel stundenlang, auch noch während der Grundschulzeit, im Sommer unter einem alten Birnbaum im Garten allein beschäftigen. Mein großes Glück war ein amerikanischer Jeep von vielleicht 15 cm Länge; er existierte bis in die Zeit des Erwachsen-Seins, freilich ramponiert und unansehnlich geworden. Ich hatte genug Phantasie und konnte mir eine eigene Welt aufbauen: Aus dem Rasen wurde Urwald und aus einer kleinen Abgrenzungsmauer eine Autobahn. Und als ich zwei Zigarrenkistchen voller weißer Kunststoff-Tiere geschenkt bekam, hatte ich viel zu transportieren, Gehege anzulegen und Ställe zu bauen. Ich kann mich nicht erinnern, mich gelangweilt zu haben. An wilden Jungenspielen hatte ich wenig Interesse, war den anderen wohl auch unterlegen. Lieber spielte ich mit Mädchen, die Geli, Renate, Frieda, Hannelore, Heidi hießen, da ging es ruhiger zu, wenn im Kaufladen einzukaufen war und die traditionelle Familie nachgespielt wurde.

Die Kinder von heute sind zu beneiden, wenn man ihr Spielzeug, ihre Möglichkeit des Spielens sieht – und doch auch zu bedauern, weil sie die Vielfalt und vor allem die Quantität der Spielwaren nicht verkraften können. Bei Bekannten sah ich einmal das Spielzimmer der Tochter: Es waren zwei Räume, die einem Spielzeugladen in nichts nachstanden. Kann nicht die Vielzahl zum Verdruss werden und zur Langeweile führen? Es soll hier nicht das einfache Leben propagiert werden, aber manchmal wäre weniger mehr. Ebenso wenig sollte die Vergangenheit verklärt werden: In meiner Kinderzeit haben die Eltern auch nicht mehr als heute mit ihren kleinen Kindern gespielt, eher vielleicht mit den Jugendlichen; hier wurden gelegentlich Brettspiele wie Halma und Mensch-ärgere-dich-nicht oder Kartenspiele gemeinsam gespielt. Zeit war am Abend oder an den Wochenenden bis zu einem gewissen Grad vorhanden, da es kein oder später kaum Fernsehen gab.

Gegenüber den Stadtkindern ging es uns auf dem Lande gut. Wir konnten auf den herbstlichen Wiesen selbstgebaute Drachen steigen lassen, im Wald kleine Wasserläufe mit Dämmen stauen, ja ganze Baumhäuser bauen, wobei wir – sicher nicht zur Freude des Besitzers – großzügig kleinere Bäume abholzten. Bei manchen Spielkameraden, die einen eigenen Garten besaßen, durfte man im Herbst auch bei der Obsternte mithelfen, oder man konnte mit ihnen zusammen im elterlichen Betrieb bestimmte Aufträge erfüllen. Für Abwechslung war also gesorgt. Großes Vergnügen bereitete mir, das Ochsengespann der bäuerlichen Nachbarsfamilie auf dem Feld bei der Heuernte zu führen und dann anschließend auf dem hohen Heuwagen liegend heimzufahren. Überhaupt war der Aufenthalt in den Ställen für ein Kind von großem Interesse; freilich griff auch hier die Moral oder was man darunter verstand: Wenn eine Kuh kalbte, so musste man den Stall verlassen. Obwohl auf dem Lande aufgewachsen, habe ich niemals ein Tier Junge werfen sehen.

Wohl für jedes Kind ist der Schulweg von Bedeutung. Man kann sich mit den Mitschülern austauschen, anderen Streiche spielen, herumtrödeln, Neuigkeiten aufnehmen; freilich kann er auch zur Tortur werden, wenn man in die Opferrolle gedrängt wird, wenn man Angst vor der Lehrkraft hat, wenn man schlechte Zensuren heimtragen muss. Wer weiß, welche für ihr Leben prägende Ereignisse hier Menschen erfahren.

Meine Schwester und ich kannten keinen Schulweg; ihre Klassentüre lag unmittelbar neben unserer Wohnungstüre, ich musste wenigstens den Gang überqueren. All das, was andere Kinder erleben konnten oder mussten, war mir in den sieben Jahren meiner Volksschulzeit unbekannt. Dennoch vermochte mich als Erstklässler nichts und niemand daran zu hintern, spätestens um 7.45 Uhr die Wohnung zu verlassen, denn ich könnte ja zu spät kommen. An den sechs Metern Schulweg kann es nicht gelegen haben, schon eher an der Strenge der hoch gewachsenen, 63-jährigen Lehrerin, die – weil unverheiratet – selbstverständlich als Fräulein Beck angesprochen wurde. Souverän unterrichtete sie gemeinsam die erste und zweite Klasse, immerhin 48 Kinder, und hatte nicht die geringsten disziplinären Probleme. Ihr Pult stand auf einem Podium mit ein oder zwei Stufen, so war schon rein äußerlich die Autorität zum Ausdruck gebracht. Nur einmal passierte etwas, was uns Kinder in erhebliche

Not und die Autorität ins Wanken brachte. Da in den Ferien die Dielenbretter eingeölt worden waren, rutschte die Lehrerin aus und lag rücklings auf dem Boden. Es war totenstill und wir Kinder waren hilflos der Situation ausgesetzt, niemand wusste, wie man sich zu verhalten hatte, bis Heidi, die Tochter eines Arztes, aufstand, nach vorne eilte und der sich erhebenden alten Dame die Frage stellte, ob sie sich weh getan habe. In einem heutigen Klassenzimmer würde sicher völlig anders reagiert werden, wir jedoch waren überfordert.

Die Lehrkräfte der fünfziger und sechziger Jahre hatten in der Regel, aber eben nur in der Regel, Autorität, auf alle Fälle Amtsautorität. Wegen einer Ohrfeige, wegen Strafarbeiten kam kaum ein Vater oder eine Mutter, um sich zu beschweren, im Gegenteil, man tat alles, um die Eltern unwissend zu lassen. Ich erhielt während meiner Schulzeit zwei Ohrfeigen, eine in der 3. Klasse und eine im Gymnasium, meine Mutter erfuhr davon nichts. Natürlich wurde über die eine oder andere Lehrkraft im Dorf geschimpft, aber einer direkten Konfrontation ging man aus dem Weg, zum einen weil man sich vor einer Auseinandersetzung scheute, zum anderen weil der Lehrer eben doch eine Erziehungsperson war, und das Kind sollte erzogen werden. Gewiss setzten manche Lehrkräfte, vor allem männliche, das Mittel der Angst ein. An Einspruch oder Widerspruch war nicht zu denken. Ich erinnere mich an eine Probe des immerhin freiwilligen Schüler-Chores, die trotz vieler Wiederholungen und Geschreis des Schulleiters und Dirigenten Schramm nicht zum gewünschten Erfolg führte. Schließlich brach er ab und befahl souverän, um 17 Uhr erneut zu kommen. Nicht einer fehlte am Abend!

Bei anderen Lehrkräften jedoch überwog die natürliche Autorität. Ich erinnere mich an einen jungen Lehrer, Herrn Pfaller, der die 7. und 8. Klasse unterrichtete, sich gerne ans Fenster lehnte, wartete, bis alle Schüler ruhig waren, mit leiser Stimme sprach – und die 40 Buben und Mädchen voll im Griff hatte. Sehr beeindruckt und bis heute nicht vergessen hat mich seine Bitte im Herbst 1956, sich von den Stühlen zu erheben und eine Schweigeminute zu Ehren der Opfer des ungarischen Aufstandes abzuhalten. Zum ersten Male wurde mir von einem Lehrer ohne Pathos und viele Worte klar gemacht, dass wir Menschen füreinander verantwortlich sind, nicht gleichgültig sein dürfen, im Rahmen der Möglichkeiten handeln müssen. Das ist Pädagogik!

Obwohl wir zwei Jahrgänge waren, waren unsere Tische nicht traditionell hintereinander gestellt, sondern zu Gruppentischen zusammengeschoben. Es wurde also endlich eine vernünftige kommunikative Situation geschaffen. In meiner gesamten gymnasialen Ausbildung fand ich dies nicht mehr vor. Auch heute ist an höheren Schulen die Regel, Tische hintereinander in Reih und Glied aufzustellen und sich zu wundern, wenn die Gespräche über die Lehrkraft in

Form von „Lehrerecho" laufen. In den Volksschulen sind Gruppentische üblich. Bereits an diesem Beispiel zeigt sich, dass die Pädagogik an den Volksschulen viel mehr zu Hause ist als an den höheren Schulen.

Mit einem anderen Lehrer verbanden mich so etwas wie freundschaftliche Bande, ohne dass Grenzen zwischen Lehrkraft und Schüler überschritten wurden. Häufig nahm mich Herr Lieret am Sonntagmorgen zu Wanderungen mit dem Blumenbestimmungsbuch in der Hand mit und zeigte mir die verschiedenen Pflanzen; er brachte mir die Natur und auch den Respekt vor der Natur nahe. Später waren wir wirklich miteinander befreundet. Ich glaube, er war in meiner Kindheit so etwas wie ein Vaterersatz. Als wir nach seinem Weggang einen anderen, jüngeren Lehrer erhielten, der glaubte Unerfahrenheit durch markige Sprüche wie „Wenn du nicht ..., dann werfe ich dich zum Fenster hinaus!" kompensieren zu müssen, hatten wir für diesen nur Verachtung und Spott übrig – freilich auch Angst.

Da ich im Schulhaus wohnte, lernte ich im Laufe der Jahre sehr viele Lehrkräfte, junge und alte, Männer und Frauen kennen. Noch heute bin ich beeindruckt von dem Fleiß, der Gewissenhaftigkeit, dem Engagement, dem pädagogischen Eros dieser Menschen. Sie haben gewiss dazu beigetragen, dass ich selbst Lehrer geworden bin und so zwangsläufig viel Kontakt zu anderen Lehrkräften hatte. Nach einem 35-jährigen Berufsleben habe ich großen Respekt vor der Leistung von Pädagogen, aber die größte Achtung habe ich vor den Volksschullehrkräften. Sie verstehen etwas von Pädagogik, sie lieben in der Regel die ihnen anvertrauten Kinder, wissen viel mehr von ihren Schülern als wir Fachlehrer, die nur punktuell mit ihnen zu tun haben, und sie legen das Fundament, worauf die höheren Schulen aufbauen. Und dennoch ist das Image der Volksschullehrer gering. Die Kollegen der Realschulen und Gymnasien blicken auf sie herab und die Gesellschaft hält von ihnen noch weniger als von den übrigen Lehrkräften. Hier zeigt sich eine maßlose Arroganz. Weil jeder in eine Volksschule gegangen ist, glaubt heute jeder mitreden und die dortige Arbeit beurteilen zu können. Natürlich ist eine Begleitung durch die Eltern erwünscht, aber kein Arzt und kein Architekt würde sich in seine Arbeit so hineinreden lassen, wie es sich Lehrkräfte der Volksschule gefallen lassen müssen. An den höheren Schulen sieht es schon ein wenig anders aus. Der Mathematik- oder Französischlehrer wird nicht so schnell angegriffen, weil es hier häufig an der Sach- bzw. Sprachkompetenz fehlt.

Die Arbeit mit den kleinen Kindern gilt allgemein gern als Spielerei und Tändelei. Wenn ein gymnasialer Deutschlehrer von seinen langen Aufsätzen, die er zu korrigieren hat, berichtet, sind die Zuhörer eher beeindruckt, als wenn der Volksschullehrer seine kleinen Kinderaufsätze zeigt. Dass aber dem

Grundschüler mit viel größerem Aufwand beigebracht werden muss, wie ein besserer sprachlicher Ausdruck erzielt wird, während der Kollege an der höheren Schule oft mit einem Fehlerzeichen auskommt, wird ignoriert. Häufig wird ein Volksschul-Aufsatz dreimal korrigiert! Der Zeitaufwand entspricht durchaus dem des Gymnasiallehrers.

Und obwohl jeder in eine Schule gegangen ist, glauben viele zu wissen, dass der Arbeitstag des Lehrers um 13 Uhr endet. Haben sich die Schularbeiten von selbst korrigiert? Sind die vielen schulischen Arbeitsmaterialien von selbst entstanden? Selbst bei wenig fleißigen Lehrkräften, die es natürlich wie in jedem anderen Beruf auch gibt, macht sich die Arbeit nicht von selbst. Zu meiner Kinderzeit musste der Lehrer noch viel mehr Materialen selbst herstellen, als dies heute der Fall ist. Wie oft – kann ich mich erinnern – waren Lehrkräfte am Sonntag in ihrem Klassenzimmer, um Tafelbilder anzufertigen oder sonstige Vorbereitungen zu treffen.

Da es kein Lehrerzimmer in „meinem Schulhaus“ gab, bürgerte es sich ein, dass die Raucher in der Pause gerne zu uns in die Wohnung kamen, um ihrer Leidenschaft zu frönen. Nicht selten stießen sie dabei auf die Koch- und vor allem Backkünste meiner Mutter – etwa in der Weihnachtszeit – und kosteten. Das schönste Bild in diesem Zusammenhang: Der strenge und von vielen gefürchtete Schulleiter schleckte die Teigschüssel meiner Mutter mit dem Finger aus. Das ältere und vielleicht etwas schrullige Fräulein Bunk kam meist am Samstagmittag in die Wohnung, um festzustellen, dass es heute wieder „unverschämt gut bei Muttel Kraus“ rieche; mit einem Stück Sonntagskuchen wurde sie dann für dieses Werturteil belohnt, zumal sie als Flüchtling aus Breslau bitter arm war.

Eigentlich gab es bei uns immer jemanden, der mit uns aß – entweder die Kinder aus dem Nachbardorf oder eine Lehrkraft, die Nachmittagsunterricht hatte, oder weil bei einem Junglehrer gegen Monatsende der Geldbeutel leer war. Und wenn es einem Kind nicht gut ging, dann legte es sich selbstverständlich auf unser Küchensofa – zum Leidwesen unserer schwarzen Katze – und erhielt eine Tasse Pfefferminztee.

Die zum Lehrerzimmer umfunktionierte Küche brachte es mit sich, dass viele Gespräche geführt wurden, die an und für sich nicht für meine Ohren bestimmt waren. Aus diesem Grunde lernte ich schon früh, Informationen für mich zu behalten, mein Wissen nicht auszuplaudern.

Zu erwähnen sind auch die Anforderungen, die, ohne darüber zu sprechen, an eine Lehrkraft oder auch an den Pfarrer der 50er und 60er Jahre gestellt worden sind. Da mein Kindheitsort als Marktflecken so etwas wie einen

Mittelpunkt der näheren Umgebung darstellte, waren andere Volksschulen in einem Umkreis von etwa fünf Kilometern von unserer Schule zum Teil abhängig. Zum Beispiel musste die Handarbeitslehrerin ihren Unterricht in vier weiteren Schulen abhalten; ein Auto besaß sie so wenig wie andere, also musste sie eben die Strecken zu Fuß gehen. Niemals hätte jemand eine solche Stelle ablehnen können, nur weil kein Fahrzeug vorhanden war! Zwei Orte lagen „auf dem Berg", d.h. auf den Anhöhen des Fränkischen Juras. Im Winter gab es nicht einmal die Möglichkeit, mit einem Fahrrad die Ziele zu erreichen. Wie oft kam diese Fachlehrerin nass, verfroren, vom Winde verweht zurück, und dann war es selbstverständlich, dass ihr meine Mutter einen Teller Suppe oder eine Tasse Kaffee anbot.

Andererseits war es ebenso selbstverständlich, dass die Kinder aus Dörfern, die vielleicht drei, vier Kilometer Luftlinie entfernt lagen, zu uns in den Unterricht kamen. Die Mädchen und Jungen aus Waizenhofen mussten den Espan, eine Hochfläche, queren, über den oft der Wind fegte und der im Winter tief verschneit war, den Wald hinunter zum Tal steigen und dann noch ein ganzes Stück durchs Dorf gehen. Wenn sie nach dem Nachmittagsunterricht den Heimweg antraten, war es im Winter bereits dunkel. Und die Hausaufgaben waren am nächsten Tag natürlich vorzulegen. Ihre Eltern, alle Bauern, machten ein einziges Zugeständnis: Bei schlimmen Schneeverhältnissen fuhren sie die Kinder morgens mit dem Pferdeschlitten über die Hochfläche bis zum Waldrand. Aber das war die Ausnahme.

Zurück zum Beruf des Volksschullehrers. Er war schon immer wenig angesehen, wie es das Lied vom armen Dorfschulmeisterlein beweist:

Das arme Dorfschulmeisterlein

In einem Dorf im Schwabenland,
Euch allen ist es wohlbekannt,
Da wohnt in einem Häuslein klein
Das arme Dorfschulmeisterlein.

Am Sonntag ist es Organist,
Am Montag fährt es seinen Mist,
Am Dienstag hütet es sein Schwein
Das arme Dorfschulmeisterlein.

Am Mittwoch fährt es in die Stadt,
Kauft ein was es zu kaufen hat,
Nen halben Hering bringt es heim
Das arme Dorfschulmeisterlein.

Die andern Tage in der Woch
Hält es die Schule immer noch,
Dabei schläft es noch manchmal ein
Das arme Dorfschulmeisterlein.

Und wenn im Dorf ne Hochzeit ist,
Sollt sehen, wie der Kerl da frisst,
Was es nicht frisst, das steckt es ein
Das arme Dorfschulmeisterlein.

Und wird im Dorf ein Kind getauft,
Sollt sehen, wie der Kerl da sauft,
Auf allen Vieren kriecht es heim
Das arme Dorfschulmeisterlein.

Und wird im Dorf ein Schwein geschlacht,
Sollt sehen, wie der Kerl da lacht,
Die größte Wurst ist ihm zu klein,
Dem armen Dorfschulmeisterlein.

Und das Schulmeisterlein war vor allem schlecht bezahlt! Dies änderte sich erst ab Mitte der 60er Jahre, als man dringend Lehrkräfte benötigte. Das bayerische Kultusministerium warb bei uns Abiturienten 1964 oder 1965 für den Lehrberuf, gab uns einen Tag schulfrei, ließ uns per Omnibus zu einigen Schulen fahren, in denen uns die Vorzüge des Lehrer-Seins gepriesen wurden, und bezahlte uns sogar ein Mittagessen. Hier muss die Not schon groß gewesen sein! Erst seit damals wurde dieser Beruf auch finanziell attraktiver.

Der Lehrberuf kannte aber noch andere Grenzen. Da die Volksschulen in Bayern Konfessionsschulen waren, spielte eben auch die Konfession der Lehrkraft eine Rolle. Die bayerische Bevölkerung war aufgeschlossener als die Regierung. Durch Volksentscheid erreichte sie in den 60er Jahren eine Umwandlung der Konfessions- in Bekenntnisschulen. Das erleichterte wenigstens die Anstellung einer Lehrkraft an einer von ihr gewünschten Schule. Andere Grenzen fielen nur allmählich. Die Dorfbewohner, überwiegend evangelisch, sahen es zum Beispiel nicht gerne, dass der evangelische Schulleiter eine katholische Frau hatte und dass vor allem der Sohn katholisch war und dass für die Fronleichnams-Prozession – an sich schon für viele Evangelische ein Ärgernis – ausgerechnet vor dem Lehrer-Wohnhaus ein Altar aufgebaut wurde.

Der „Dorfschullehrer", mag er auch als armes Dorfschulmeisterlein verspottet worden sein, war einst wichtiger Kulturträger, die Volksschule die Kulturinstitution. Ihre Bedeutung wurde erst im Rückblick erkannt, als in den 80er Jahren viele Dorfschulen zugunsten von Mittelpunktsschulen aufgelassen wurden und das kulturelle Leben in den Dörfern weitgehend zusammenbrach. Einmal im Jahr zeigten die Mädchen der Hauswirtschaftsschule, die auch bei uns im Schulhaus unterrichtet wurden, ihre Näh- und Backkünste. Die Menschen, vorwiegend Frauen, strömten zu dieser Ausstellung und waren beeindruckt, was die jungen Damen bei ihrer Lehrkraft, Frau Aust, alles gelernt hatten. In der Weihnachtszeit luden die Mädchen und Jungen der Volksschule zur Weihnachtsfeier ein und führten kleine Theaterstücke auf; der „Tucher-Saal" war brechend voll, nicht nur die Eltern wollten ihre Kinder erleben, auch andere Dorfbewohner wollten sich diese Attraktion nicht entgehen lassen. Es fanden Buchausstellungen im Klassenzimmer und Lesungen in Zusammenarbeit mit der örtlichen Buchhandlung statt. Ich erinnere mich an einen Abend mit dem Nürnberger Lehrer und Mundartdichter Franz Bauer, unvergessen sein Gedicht „Die Christbaumspitz"! Natürlich lag es wie so oft am Engagement oder am Ehrgeiz eines Einzelnen, in diesem Falle an Schulleiter Schramm, dem unser Dorf in kultureller Hinsicht viel zu verdanken hatte.

Alle diese Veranstaltungen wurden umrahmt von dem Schülerchor, der ein so hohes Niveau hatte, dass er auch einmal im Bayerischen Rundfunk auftreten durfte. Die Musik spielte überhaupt eine große Rolle an unserer Schule. Neben dem Schülerchor gab es die Blockflötengruppe und den Beerdigungs-, genannt Leichenchor. Letzterer trat bei Beerdigungen auf – und erbrachte wohl für die meisten von uns das erste Taschengeld.

Es gab auch Situationen, die im Rückblick belächelt werden. So kann ich mich an eine Visitation durch den Schulrat erinnern. Die gesamte Lehrerschaft und der Schulchor waren vor dem Eingang versammelt und warteten auf das Eintreffen des hohen Besuchers aus der Kreisstadt Hilpoltstein. Schließlich fuhr das bekannte, vornehme schwarze Auto, ein Horch, vor, der zierliche Schulrat Hell stieg aus und die musikalische und sonstige Begrüßung fanden statt, ehe Lehrkräfte und Schüler schließlich in die Klassenzimmer zurückkehrten, um sich visitieren zu lassen. Heute sind derartige Verhaltensweisen unvorstellbar und lassen die frühere Zeit doch recht idyllisch erscheinen – vielleicht auch menschlicher.

Mein Dorf

Kindheitsdörfer, Kindheitsstädte, Kindheitsviertel werden wohl immer auch mit dem Heimat-Begriff verbunden werden. Man ist in dem konkreten Ort aufgewachsen, kennt die Straßen, die Gebäude, viele Menschen, die Bräuche – das alles bewirkt Sicherheit und gibt Geborgenheit. Die Verknüpfung von Örtlichkeiten mit eigenen Erlebnissen schafft eine gemütsmäßige Besitznahme; man spricht von meinem Viertel, von meinem Dorf. Freilich ist das nur die eine Seite. Wenn schlimme menschliche Erfahrungen vorliegen, wenn der Ort ein Ort der Demütigung war – denken wir an manches jüdische Schicksal –, dann wird das Wort Heimat kaum über die Lippen kommen.

Heimat wird sehr oft absolut gesetzt, so als gäbe es nur eine Heimat. Aber sie kann zeitlich begrenzt sein, kann von anderen Heimaten abgelöst werden. So sehr ich mein Kindheitsdorf geliebt und als 24-jähriger junger Mann nur schweren Herzens verlassen habe, so wenig würde ich jetzt sagen, dass es meine einzige Heimat ist. Es war die Heimat meiner Kinderzeit, später habe ich eine andere Heimat gefunden. Wenn ich heute in mein Dorf komme, dann steigen Erinnerungen hoch, ich freue mich, wenn ich zufällig einen Bekannten treffe, aber ich möchte dorthin nicht mehr zurückkehren. Zu viel hat sich in den Jahrzehnten verändert und von den Einwohnern kenne ich kaum jemanden. Was also soll ich hier? So würde es auch den Vertriebenen, den Flüchtlingen gehen, deren Verbände über sehr lange Zeit den Menschen nicht nur falsche Hoffnungen machten, sondern Grundwahrheiten verschwiegen. Wenn heute ehemals Vertriebene ihre einstigen Wohnorte und Häuser in Polen oder Tschechien besuchen, machen sie diese Erfahrung. Sie möchten nach all den Veränderungen nicht mehr dorthin, empfinden die einstige Heimat nicht mehr als solche. Der biblische Satz „Alles hat seine Zeit." gilt auch hier. Vielleicht ist letztlich unter Heimat wirklich das zu verstehen, was mir vor langer Zeit die aus Schlesien vertriebene Lehrerin, Fräulein Bunk, sagte: „Heimat ist dort, wo man dich gerne kommen sieht und dich nur schwer wieder gehen lässt."

Das Dorf meiner Kindheit und Jugend liegt zu Füßen des Fränkischen Jura im Süden, während im Norden der Blick über die freie Ebene bis zu dem ca. drei km entfernten Sattelberg reicht, auf dem die Burgruine Stauf thront. Freilich gilt dies nur für die eine Hälfte des lang gestreckten Dorfes, die andere lehnt sich an den Berg Landeck an, den in den nächsten Jahrzehnten ein Haus nach dem anderen erobern sollte. Während im Norden auf den Sandböden die Nadelbäume vorherrschend sind, zieht sich im Süden auf dem Kalkboden dichter Laubwald den Hang, die Leite, hinauf bis zur fast baumlosen Hochebene, dem Espan. Unten im Tal schlängelt sich die unscheinbare Thalach durch die Wiesen und zwischen die Häuser, die sich allerdings schon nach ausgiebigen

Frühjahrs- oder Herbstregen nachhaltig in Erinnerung brachte und schwere Schäden verursachte.

Drei evangelische Kirchen geben dem Straßen-Dorf eine Struktur, auch im sprachlichen Alltag, man spricht vom Unter-, Mittel- und Oberdorf. Da St. Michael – nach Plänen des Barock-Architekten Gabriel de Gabrieli im 18. Jahrhundert erbaut – bereits auf der ersten Steigung, die im Westen aus dem Tal führt, liegt, wird sie wohl deshalb als die Obere Kirche und St. Gotthard im Osten als die Untere Kirche bezeichnet worden sein und den Ortsteilen den Namen gegeben haben. Da ist es selbstverständlich, dass die älteste Kirche, St. Marien, als die Mittlere Kirche gilt, zumal sie in der Tat von beiden anderen in etwa gleich weit entfernt ist. Die vierte Kirche spielt in dieser Beziehung keine Rolle, zu wenig ragt sie zwischen den Hausdächern hervor und ist viel zu jung, um gar ein Viertel nach ihr zu benennen: die 1923 errichtete katholische Kirche St. Peter und Paul.

Die Dorfstraße erweitert sich in der östlichen Hälfte zu einem Marktplatz mit Rathaus an der Schmalseite und stattlichen Bürgerhäusern, davon einigen Wirtshäusern, mit spitzen fränkischen Giebeln an den Längsseiten. Diese Gasthäuser, elf gibt es im Dorf, tragen so schöne Namen wie „Zum Stern", „Zum Löwen" oder „Zur Krone". Und wie es sich gehört, steht in der Mitte des Platzes ein Kriegerdenkmal, auf dessen hohem Sockel ein Löwe behäbig ruht und in jedem Kind den Wunsch aufkommen lässt, auf ihm zu sitzen. Aber nur die Lausbuben schaffen es; sie setzen sich über das Verbot der Alten hinweg, ihnen bedeuten die eingravierten Namen der Gefallenen der beiden Weltkriege nichts. Entlang der Straße, die den Platz in zwei ungleiche Hälften teilt, stehen breit ausladende Kastanien.

Im Ort gibt es viele Geschäfte unterschiedlichster Art, die dazu beitragen, dass auch aus den Dörfern der Umgebung die Menschen kommen und einkaufen. Wie wichtig dieser Marktflecken für die Region ist, zeigt sich an den Märkten an Pfingstmontag und an St. Michaeli im Herbst. Der Platz ist angefüllt mit Ständen, zwischen denen sich die Besucherströme hindurchdrängen und Ausschau nach günstigen Angeboten halten. Wäsche, Geschirr, landwirtschaftliche Kleingeräte und Werkzeuge, Töpfe, Schuhe, Haushaltskram – alles ist zu haben. Der kräftige Geruch von Bratheringen und Fischbrötchen (die 25 Pfennige kosten) vermischt sich mit dem Duft von gebrannten Mandeln und sonstigen Süßigkeiten. Für Unterhaltung sorgen ein Billiger Jakob oder ein Kriegsinvalide, der Akkordeon spielt, die Kinder vergnügen sich auf dem Karussell oder in einer Schiffschaukel. Ein echter Rummel! Nach den Einkäufen ist es den meisten ein Bedürfnis oder auch eine Freude in den umliegenden Wirtshäusern einzukehren, die bei schönem Wetter natürlich ihre Tische und Bänke vor dem Haus aufgestellt haben.

Zwar gibt es eine Reihe von Bauernhöfen, aber sie sind in der Minderheit und werden im Lauf der Jahre immer weniger. Das Bild prägen die Geschäfte und Handwerksbetriebe – und die vielen Pendler, die ihr Brot in Roth oder in Nürnberg verdienen. Ein großer Teil gehört den Flüchtlingen, die man eigentlich Vertriebene nennen müsste, an. Sie tragen nicht nur dazu bei, die Einwohnerzahl anzuheben, sondern den Ort größer werden zu lassen. Bedingt durch den Lastenausgleich ist es vielen von ihnen – unter großem Einsatz körperlicher Mitarbeit – möglich, ein eigenes Haus zu errichten. So entstehen neue Siedlungen an der „alten Leitenstraße“ und auf dem Landeck und verändern das traditionelle Ortsbild, das bisher geprägt ist von einer langen Hauptstraße und der in sie mündende Straße aus Alfershausen.

Die Bedeutung meines Dorfes wird durch den Eisenbahn-Anschluss aufgewertet. Die Stichbahn, die von Greding nach Roth führt, verbindet uns mit der großen weiten Welt, die freilich für die meisten in der Fabrik oder im Büro in Nürnberg aufhören dürfte. Wir werden sicher beneidet von den Menschen, die auf dem Berg, also in den umliegenden Dörfern auf dem Jura, wohnen, und Tag für Tag erst einige Kilometer mit dem Fahrrad fahren oder laufen müssen, um zum Bahnhof zu gelangen. Natürlich sind das Flüchtlinge, die es in reine Bauerndörfer verschlagen hat und die dort keine Arbeit finden. Sie bemühen sich verständlicherweise, möglichst bald wenigstens eine Wohnung in unserem Marktflecken zu finden. Eine schwierige Suche! Leicht haben es die Pendler nicht. Viele müssen mit dem 5.00 Uhr- oder 5.30 Uhr-Zug fahren und kommen erst gegen 20 Uhr zurück. Da zum Teil ihr Weg an unserer Wohnung vorbeiführt, beobachte ich oft, wie sie müde nach Hause hasten. Ab Mitte der 50er Jahre werden auch immer mehr Jungen und Mädchen mit der „Gredl“, wie unsere Bahn liebevoll genannt wird, in die höheren Schulen nach Hilpoltstein und Schwabach fahren.

Mein Kindheitsdorf liegt nicht nur an der Grenze von Sand- und Kalksteinböden, sondern auch an der von beiden großen Konfessionen. Wie es typisch ist für den mittelfränkischen territorialen und damit auch religiösen Fleckenteppich, sind wir ein evangelischer Ort mit evangelischem Hinterland im Norden, das etwa bis Eysölden reicht, ehe sich die katholische Region der Kreisstadt Hilpoltstein anschließt, und mit einer evangelischen schmalen Barriere im Süden (die Dörfer Landersdorf und Waizenhofen), an die das rein katholische Gebiet Eichstätts grenzt. Wir Evangelischen stellen also bei uns die Mehrheit, sind in zwei Pfarrsprengel aufgeteilt und St. Michael ist sogar Sitz des Dekanats, während die katholische Gemeinde klein ist und froh sein kann über viele Vertriebene, die dieser Konfession angehören.

So etwa habe ich mein Dorf als Kind erlebt. In der Zwischenzeit hat sich sehr viel verändert, wie überall sonst auch. Dieses Dorf heute, nach fast einem halben Jahr-hundert, ist nicht mehr das Dorf meiner Kindheit, es ist ein mittelfränkischer Ort mit dem Namen Thalmässing.

Dörfliche Ordnung

Die gesellschaftlichen Strukturen sind auf dem Lande, in einem Dorf natürlich eindeutiger und fundamentaler als in der Stadt. Außerdem ist die Zeit zu berücksichtigen. Da es das Fernsehen, das so viel zur Nivellierung beigetragen hat, in den 50er Jahren nicht gab, spielten traditionelle Abgrenzungen und Verhaltensweisen eine viel stärkere Rolle, als viele sich dies heute vorstellen können. Da gab es die Trennung zwischen den großen und den kleinen Bauern, den wenigen „Studierten" und der übrigen Bevölkerung, den Geschäftsleuten und Handwerkern und den Arbeitern, den Evangelischen und den Katholiken, den Einheimischen und den Flüchtlingen. Der Kontakt zwischen den jeweiligen Gruppen beschränkte sich in der Regel auf notwendige Zusammenarbeit oder bestenfalls auf gut-nachbarliche Beziehungen, schloss aber wirklich freundschaftliche oder gar familiäre Bindungen aus. Eine reiche evangelische Bauerntochter, eine Freundin meiner Schwester, verliebte sich in einen Lehrer – leider war er katholisch. Sie heirateten gegen den Widerstand der Familie; ihre Eltern nahmen an der Hochzeit nicht teil. Als Mitglied des evangelischen Kirchenvorstands war es für den Vater unvorstellbar seine Tochter in einer katholischen Kirche vor dem Traualtar zu sehen. Auch die Liebe eines meiner katholischen Klassenkameraden zu einem evangelischen Mädchen scheiterte an den konfessionellen Schranken. Im Gemeinderat saßen Apotheker, Arzt, Geschäftsmann und Landwirt, aber natürlich kein Arbeiter.

Unruhe in die gesellschaftliche Struktur brachten die Flüchtlinge, die man ungeachtet ihres Berufes, ihres Herkommens, als eine einheitliche Gruppe sah. Wurde über sie gesprochen, kam zur näheren Erläuterung stets die Bezeichnung „Flüchtling" vor. Das musste keine Stigmatisierung sein, konnte es aber werden, wenn Gefahr drohte, etwa eine freundschaftliche Beziehung zwischen einem einheimischen Jungen und einem „Flüchtlingsmädchen", oder wenn man mit ansehen musste, wie die Flüchtlinge, die Habenichtse, plötzlich ein neues Eigenheim hatten, während die eigenen Häuser alt und wenig ansehnlich waren. So etwas schaffte Verdruss!

1954 besuchte ich als Zehnjähriger die 4. Klasse; wer ging anschließend auf die höhere Schule, die Oberschule, wie das Gymnasium damals hieß? Der Sohn des Apothekers, des Schulleiters, des Leiters des Landwirtschaftsamtes, die Tochter des Arztes und des Pfarrers. Für jeden Soziologen und Pädagogen eine ideale Korrelation von Besitz und Bildung oder ein Muster der Selbstrekrutierung des Bildungsbürgertums. Typischer hätte dieser Ausleseprozess nicht ausfallen können!

Trotz allem wurden die Strukturen allmählich brüchiger. Dazu trug nicht zuletzt der Ausbau des Bildungswesens bei. In der Kreisstadt Hilpoltstein wurde eine Mittelschule errichtet, freilich nach Geschlechtern getrennt und für die Jungen ein Jahr früher als für die Mädchen. In Schwabach, Sitz der nächsten Oberschule, gesellte sich zu weiteren Bildungseinrichtungen ein „Deutsches Gymnasium" in Kurzform, d.h. es baute auf sechs Klassen Volksschule auf. Und plötzlich, nur zwei, drei Jahre später, also etwa 1956, 1957, gingen Kinder aus Familien, die nicht den Honoratioren angehörten, auf ein Gymnasium! Auch ich war darunter, das Kind aus kleinbürgerlichen Verhältnissen, der Sohn einer Kriegerwitwe.

Nicht alle waren begeistert von diesen Veränderungen, aber diese waren nicht aufzuhalten. Für meine Mutter war es selbstverständlich, dass ihre Tochter das bekommen sollte, was sie selbst immer vermisste: Schulbildung, auch wenn aus dem Verwandtenkreis geäußert wurde, dass die Tätigkeit eines Dienstmädchens doch auch keine Schande sei. Mindestens ein weiteres Mädchen hat ebenfalls meiner Mutter zu verdanken, dass es die Realschule besuchen durfte, und war ihr viele Jahre später noch dankbar dafür. Im Dorf – wie fast überall – wandelte sich die Einstellung; hieß es anfangs noch dort, wo Schulbildung nicht selbstverständlich, ja ungewöhnlich war: „Bleib' auf dem Teppich!", wenn einer aus derselben Schicht ausbrach, so sagte man sich später: „Wenn der sein Kind auf die höhere Schule schicken kann, dann kann ich dies auch!"

Natürlich wurde differenziert. Mädchen schickte man lieber auf die Mittel- oder Handelsschule, dies galt auch für Jungen aus Betrieben und Geschäften. Jungen, freilich viel weniger, ohne diesen familiären Hintergrund durften aufs Gymnasium gehen. Übel dran waren die Mädchen aus bäuerlichen Familien, sie mussten zu Hause bleiben und sich auf die typischen fraulichen Tätigkeiten vorbereiten. Das Mädchen heirate ja ohnehin – was tue es da mit Schulbildung! Es komme dann nur auf dumme Gedanken. Nach wie vor waren die Kinder aus den Dörfern auf dem Berg, also aus den Juradörfern benachteiligt. Zum einen kamen sie fast durchwegs aus landwirtschaftlichen Betrieben, zum anderen konnten sie keine höhere Schule erreichen. Den heute selbstverständlichen Schulbus gab es damals nicht. Wenn jemand in ein Internat kam, dann war es der Sohn eines reichen katholischen Bauern, von dem man erwartete, dass er einmal Priester werde (vielleicht hat dabei der Gedanke an das eigene Seelenheil eine Rolle gespielt). Aber wie viele solcher Fälle gab es? Ich kenne nur einen.

Nicht unterschätzen sollte man den Einfluss von Lehrern und Pfarrern in diesem Zusammenhang. Mir sind eine Reihe von Fällen bekannt, in denen vor allem die Lehrkraft verantwortlich war, dass das Kind eine höhere Schule besuchen durfte. Bei meinem Freund Wolfgang kam der Klassenlehrer nach Hause und drängte den Vater, der in einer Fabrik arbeitete, seinen Sohn auf das Gymnasium zu schicken; er habe das Zeug dazu. Dass er später ein sehr guter

Gymnasiallehrer geworden ist, hat er diesem Volksschullehrer zu verdanken. Für viele Eltern war es einfach kein Thema, dass ihre Kinder aus der ihnen vertrauten Welt treten; vielleicht hatten sie auch Angst, sie dabei zu verlieren. Musste man sich nicht später vor den eigenen Kindern genieren, weil man eine einfachere Sprache hatte? Vertrieb man damit nicht den Sohn, die Tochter? Man darf auch nicht die äußeren Umstände übersehen, die finanziellen und räumlichen Verhältnisse. Reichte das Geld für den Schulbesuch oder gar für ein Studium? Welches Kind aus Arbeiter- und kleinbürgerlichen Familien hatte ein eigenes Zimmer und konnte dort ungestört lernen? Fragen, die heute keine mehr sind und wohl auch kaum mehr verstanden werden. Wir haben uns daran gewöhnt, dass jedes halbwegs begabte – und nicht nur dieses – Kind auf eine höhere Schule, am liebsten auf ein Gymnasium, geschickt wird. Im Grunde handelt es sich heute um ein Massenphänomen, damals waren es eher Einzelfälle.

Allerdings muss auch gesagt werden, dass sich immer mehr der Satz „Bildung ist Bürgerrecht!" aus den 60er Jahren erfolgreich durchgesetzt und vermutlich zur Stärkung des demokratischen Gedankens und zur Bejahung unserer Republik beigetragen hat. Nicht zuletzt wurden tradierte und funktional irrelevante Strukturen aufgebrochen, ja beseitigt – nicht nur in meinem Dorf.

Die Flüchtlinge wirkten belebend auf die starren Lebens- und Denkformen. Manche kamen aus Städten und verglichen ihre bisherige Lebensweise und ihre Traditionen mit denen eines fränkischen Dorfes, die dabei natürlich weniger gut abschnitten. Auch wenn die Einheimischen dies nicht so gerne hörten, auch wenn sie die neuen Mitbürger als Eindringlinge empfanden und versuchten sich abzuschotten, die andere Sprache mit ungewohnten Wendungen, andere Ansichten, ja das andere Auftreten – bei aller Bescheidenheit und notwendiger Demut – gingen nicht spurlos an ihnen vorüber. Und da die Fremden zumeist fleißig und bemüht waren, einen eigenen ordentlichen Haushalt aufzubauen – was blieb ihnen denn anderes übrig -, konnte man ihnen den Respekt, wenn auch ungern, nicht versagen.

Eine Möglichkeit der Integration war für die Fremden der Eintritt in einen Verein. Vor allem Jugendliche und junge Erwachsene wurden Mitglieder des Turnvereins. Bei den Faschingsbällen, die damals aufwändig vorbereitet und gefeiert wurden, konnten sie sich einbringen bzw. zusammen mit den Dorfbewohnern sich vergnügen. Die Menschen waren nach den entbehrungsreichen Jahren hungrig nach Abwechslung und Vergnügen und waren bereit den Wirtshaussaal für einen Ball nicht nur mit einigen Girlanden und Faschingsschlangen zu dekorieren, sondern unter einem Thema, etwa der beliebten „Venezianischen Nacht", kunstvoll auszuschmücken. Wer weiß, wie wichtig dabei die Ideen der Fremden waren! Und gemeinsame Tätigkeit war schon immer integrationsfördernd! Natürlich war ich als zehn- oder zwölfjähriger Junge auf keinem Ball, aber ich kann mich an Gespräche darüber und an Berichte meiner sechs Jahre älteren Schwester, die den Kampf mit der Mutter, daran teilnehmen zu dürfen, erfolgreich gewann, erinnern.

Das Wirtschaftwunder ging natürlich auch an unserem Dorf nicht vorbei. Häuser wurden renoviert oder gebaut und neue Siedlungsgebiete erschlossen. Auch die wichtige Straße nach Greding bekam endlich eine Teerdecke. Noch im Sommer 1951 konnte man in der regionalen Zeitung, dem „Hilpoltsteiner Kurier" lesen, dass diese Zubringerstraße zur Autobahn „mit ihren beispiellos tiefen Schlaglöchern noch immer das Sorgenkind der Gemeinde" sei. Allmählich wurde aus dem bäuerlichen Dorf ein schmucker Marktflecken. Die Geschäftsinhaber und Handwerksbetriebe wollten ihre Artikel und Produkte in großen Schaufenstern anpreisen; keiner wollte zurückstehen.

U.a. wurde ein Elektrogeschäft neu eröffnet. Plötzlich konnte man Fernsehgeräte im Fenster bewundern. Und bei Fußball-Länderspielen bildete sich vor dem Schaufenster eine Traube von ausschließlich Männern und Buben, auch ich war gelegentlich darunter, obwohl ich keine Ahnung von den Spielregeln hatte, und konnte die Übertragung miterleben. Welch ein Fortschritt!

Selbst unsere Volksschule, ein maroder Kasten, wurde – endlich! – gründlich renoviert und mit einem großen Neubau verbunden. Nach einjährigem Wohnen in einem anderen Gebäude konnten wir in eine völlig neue Wohnung ziehen. Auch darüber berichtete die Zeitung am 19.6.1962 überschwänglich: „Da ist zuerst einmal im Altbau die Hausmeisterwohnung von der Nordseite an die Südseite verlegt worden. Eine komfortable Wohnung mit Bad, Elektro-Küche und hellen Zimmern ist hier entstanden." Das Lebens- oder besser das Wohngefühl war tatsächlich ein vollständig neues. Plötzlich hatten wir einen Kühlschrank, etwas, was ich schon immer bei unseren Verwandten in den Sommerferien bewundert hatte, ein Bad, eine Waschmaschine! Ich konnte ein eigenes Zimmer mit Terrasse bewohnen, hatte einen Schreibtisch, ein eigenes kleines Radiogerät! Paradiesischer Zustand!

Auch dörfliche Besonderheiten verschwanden allmählich, vermutlich Anfang der 60er Jahre. Einst schritt der Gemeindediener durch das Dorf, läutete mit einer großen Glocke, wenn die Bürger Gemeinderatsbeschlüsse und sonstige amtliche Mitteilungen erfahren sollten, und begann mit lauter Stimme zu vermelden: „Bekanntmachung!". Um dem Ganzen die notwendige Autorität zu verleihen, endete die Verlesung grundsätzlich mit der Schlussformel „Der Bürgermeister!", ehe er mit seiner Glocke die Amtshandlung abläutete.

Ebenso gab es früher einen Nachtwächter. Nicht aus nostalgischen Gründen, wie es heute in manchen Orten der Fall ist. Ein kleiner, alter Mann, Herr Rohm, mit einer Laterne in der Hand, ging durch die Straßen und -, ja was machte er eigentlich? Bei uns läutete er einige wenige Male, um auf eine brennende Lampe aufmerksam zu machen. Einmal war ein Junglehrer, der sich angeblich auf das Examen vorbereitete, in einem kleinen Raum über seinen Büchern eingeschlafen. Gesungen hat unser Nachtwächter nie, vielleicht weil er immer einen Stumpen im Mund hatte.

Im Sommer ertönten schrille Trompetenstöße, die Bauern öffneten die Stalltüren und trieben ihre Kühe auf die Straße, um dort vom Kuhhirten „Ahler" aufgenommen zu werden. Bedächtig zog die Herde, die allmählich immer zahlreicher wurde, wiederkäuend und scheißend durch den Ort, ehe sie auf einer Wiese verschwand. Am frühen Abend war wieder die Trompete zu hören, und die Kühe kehrten gemächlich zurück. Beeindruckt hat mich immer, wie die Tiere ohne Aufforderung aus der Herde ausscherten und zu ihren jeweiligen Ställen trotteten.

Gelegentlich zog auch eine Schafherde durch mein Dorf und blieb eingepfercht für einige Tage auf dem „Gänsanger". Das hatte zur Folge, dass ich mit einem Eimer losziehen musste, um von dort die Verdauungsreste aufzusammeln, die meine Mutter als Dünger für den Garten schätzte.

In den Sommermonaten kam manchmal ein Auto oder kleiner Lastwagen mit einer Art Wohnwagen, in dem eine Maschine stand für Bettfedernreinigung, auf dem Marktplatz vorgefahren. Die Einwohner brachten dann ihre zusammengerollten Federbetten auf einem kleinen Leiterwagen, um wieder gute Ruhekissen zu erhalten.

Ein andermal baute ein Händler Geschirr vor dem Kriegerdenkmal auf und wartete auf Kunden, die Lumpen brachten. Für eine bestimmte Menge bekam man dann einige Teller oder Tassen, natürlich eher minderwertiges Zeug.

Gelegentlich stakste ein schwarzer Riese durch den Ort, nicht etwa auf dem Bürgersteig, sondern selbstbewusst auf der Straße. Er war wie ein Schlotfeger gekleidet, trug einen Zylinder und hatte seine Beine offensichtlich unter seine Hose an Stelzen gebunden. Er warb für eine Schuhcreme, deren Namen ich nicht mehr weiß, und verschenkte großzügig die runden Döschen an die ihn begleitenden und verwunderten Kinder. Werbung dieser Art war für uns etwas Neues.

Am Anfang der Merleinsgasse, die vom Ort hinaus zur Leite führte, lag rechterhand die Werkstatt des Schmieds, der auch Pferde beschlug. Interessiert sah ich zu, wenn der schnurrbärtige Meister mit kräftigen Schlägen dem Pferd das Hufeisen annagelte. Mir war es immer schleierhaft, wie man einem Tier so große Nägel in den Fuß treiben konnte. Außerdem bewunderte ich den Mut und das Können des Schmieds. Noch heute rieche ich die verbrannte Hornhaut der Pferde.

All dies verschwand allmählich aus dem Ortsbild.

Hat die äußere Veränderung des Dorfes auch die Gesinnung, das Denken seiner Bewohner verändert?

Natürlich hatte sich der Wissenshorizont erweitert, jeder besaß ein Rundfunkgerät und die ersten Fernsehapparate wurden stolz aufgestellt, allmählich kam auch der eine oder andere hinaus in die weitere Umgebung und in die weite Welt, zum Beispiel an den Gardasee. Das beeinflusste! Aber die Grundstimmung war sicher konservativ und die soziale Kontrolle blieb bestehen. Ich erinnere mich, als Abiturient einmal an einem Abend mit einer jungen Lehrerin auf der jüdischen Friedhofsmauer gesessen zu haben. Am nächsten Tag konnte meine Mutter eine ziemlich detaillierte Beschreibung der (völlig harmlosen) Situation wiedergeben. Natürlich nicht zu ihrer Freude. Auch nicht zu meiner! An einem anderen Abend sehe ich mich nach einer Veranstaltung mit einem jüngeren Geschäftsmann durch den Ort hin- und hergehen und über die Verfilmung der Erzählung „Katz und Maus" von Günter Grass diskutieren; besonders störend empfand er den unschicklichen Umgang mit dem Ritterkreuz. Für so etwas hatte er – wie viele andere – kein Verständnis. Es war für mich schwierig, eine Gegenposition zu vertreten.

Als sich eine kleine Fabrik ansiedeln wollte und damit Arbeitsplätze geschaffen hätte, lehnten dies die Gemeinderäte ab, befürchteten doch die Landwirte, keine Knechte oder Mägde mehr zu bekommen. Man glaubte die alten Strukturen erhalten zu können. Eine Täuschung!

Es war einmal

Wie ging das Dorf mit seiner Vergangenheit um? Nicht anders als viele andere Dörfer auch. Man ließ sich vom Zeitgeist anstecken, riss alte Gebäude ab, die tatsächlich hässlich aussahen, aber vielleicht renovierungsfähig und -würdig gewesen wären, und ersetzte sie durch neue, meist gesichtslose Bauten. Aber man fand das alles erst einmal schön. Ich war keine Ausnahme. Als zum Beispiel Resopal aufkam, war ich nicht nur von der Pflegeleichtigkeit angetan, sondern mir gefiel dieses neue Material. Wenn wir heute die Nase über viele Kunststoff-Produkte rümpfen, dann darf man nicht vergessen, dass die Menschen damals viel alten Kram besaßen, mit dem sie arbeiteten, und sich über Neues, das sie sich nun leisten konnten, freuten.

Wie aber gingen die Dorfbewohner mit der unmittelbaren politischen Vergangenheit um? Gar nicht! Sie schwiegen. Ich kann mich nicht erinnern, dass jemals über das Dritte Reich oder gar über die einstige jüdische Bevölkerung, gesprochen wurde. Der Volkstrauertag, der bei manchen noch „Heldengedenktag" hieß, wurde vor dem Kriegerdenkmal auf dem Markplatz würdig begangen, dabei auch auf das Leid und Unrecht der Vertreibung, die die Deutschen erfahren hatten, hingewiesen. Aber was war mit dem 9. November, der sogenannten „Reichskristallnacht", dem Unrecht, angetan den eigenen – jüdischen – Mitbürgern?

Diese Mitbürger müssen zahlreich gewesen sein, dafür sprechen die Synagoge, die jüdische Schule und der nicht zu übersehende große jüdische Friedhof. Die Gemeinde existierte seit dem späten 15. Jahrhundert und machte im 19. Jahrhundert etwa ein Drittel der Gesamtbevölkerung aus, schrumpfte dann aber stetig. 1933 sollen es nur noch vier Familien gewesen sein. 1938 wurde – wie überall im Reich – die Synagoge gestürmt und deren Mobiliar und rituelle Gegenstände vernichtet. Angezündet wurde sie vermutlich wegen der Nachbargebäude nicht. Als Volksschüler und Mitglied des Turnvereins war ich später über viele Jahre wöchentlich in diesem Bau. Er war unsere Turnhalle! 1952 hatte die Gemeinde das Gebäude käuflich erworben und umfunktioniert. Erst 1972 wurde es abgerissen und durch ein neues Wohnhaus ersetzt.

Wenn ein Bedürfnis bestanden hätte, hätte man diese Synagoge sehr wohl erhalten können. Aber man hatte keines.

Im ersten Stock zog sich eine Empore, die Frauenempore, über drei Seiten entlang, an deren Brüstung noch die Ablagefächer für die Gebetbücher existierten, in die wir unsere Kleidung nach dem Umziehen legten. Die Halle war so hoch, dass, wie in jeder modernen Turnhalle, Kletterseile in der Decke angebracht werden, und so groß, dass ganze Schulklassen ihre sportlichen Übungen ausführen und Spiele austragen konnten. Wir Kinder wussten, dass unsere Turnhalle die ehemalige jüdische Synagoge war, aber das beeindruckte uns nicht.

Die „Judenschule" lag unserem Schulhaus gegenüber, nur die Marienkirche trennte die beiden Stätten der Gelehrsamkeit. Sie stammte aus der ersten Hälfte des 19. Jahrhunderts. Während meiner Kinderzeit erwarb eine Familie, deren Kinder Spielgefährten von mir waren, das Gebäude. Bis heute ist es ein Wohnhaus.

Der jüdische Friedhof, heute sehr gepflegt, war während des Dritten Reiches zum Teil oder ganz in Privatbesitz. Meine Mutter erzählte mir öfter, dass sie nach der „Braunen Zeit" aufgefordert worden sei, zusammen mit anderen Frauen den Friedhof zu säubern. Sie lehnte dies ab mit den Worten: „Der Parteigenosse, der ihn verdreckt und seine Gänse dort gehalten hat, soll ihn aufräumen!" Bei dem Wortwechsel mit dem Bürgermeister, der auf die angebliche NS-Mitgliedschaft meines Vaters anspielte, forderte sie ihn schließlich auf, dies doch nachzuweisen und die Karteikarte herauszusuchen. Doch der rief erregt: „Kartei! Kartei! Wenn doch keine mehr da ist!" Interessant insofern, als damit festzustehen scheint, dass auch in meinem Kindheitsort versucht worden ist, die Spuren zu verwischen. Ich glaube, dass meine Mutter dennoch einen halben Tag Aufräumungsarbeit leistete. Später wurde ein Teil des Friedhofs an unsere Nachbarn vermietet, die dort einen Nutzgarten anlegten. Meine erste Erfahrung mit Spargel stammt von diesem Friedhof!

Als das benachbarte Textilgeschäft durch einen Neubau ersetzt wurde, stieß man auf eine kleine Mesusa, wie sie an allen jüdischen Eingangstüren angebracht worden war.

Wie ich heute erst weiß, gab es auch eine Mikwe, ein rituelles Bad, in der Nähe der Synagoge, die aber zugeschüttet wurde.

Mein Ort barg also viele Erinnerungen an einen Teil seiner ehemaligen Bevölkerung. Aber gesprochen wurde nicht über sie und ihre Geschichte.

Erst in den letzten zehn Jahren setzte man sich mit den jüdischen Bürgern Thalmässings auseinander: die Enkelgeneration. Es gab zum Beispiel eine größere Ausstellung in der Marienkirche und Schüler beschäftigen sich mit dem Thema.

Und wer hat die Synagoge verwüstet? Fremde? Mitbürger? Nazis? Böse Menschen!

Ach, wenn die Antworten so einfach wären!

In dem liebevoll gestalteten Buch von Andrea Karch und Ernst Wurdak,

„1100 Jahre Thalmässing. Geschichte und Gegenwart“ heißt es: „Der NS-Staat setzte eine demütigende und letztlich vernichtende Judenverfolgung in Gang …“ (S. 22)

Und wer war der NS-Staat in Thalmässing?

Natürlich waren es Mitbürger, natürlich waren sie vom Geist der neuen Zeit angehaucht, ließen sich hinreißen von Parolen, wurden Täter. Böse? Wohl nicht mehr als andere.

Trotzdem war die Enttäuschung bei mir groß, als ich sehr viel später erfuhr, wer an dem Pogrom beteiligt war. Biedere Bürger, denen man Respekt entgegenbrachte, die im Rampenlicht der Öffentlichkeit standen, mit denen man im Alltag zu tun hatte, mit denen man sogar privat verkehrte, gemeinsam ein Essen einnahm. Am meisten betroffen war ich, als ich erfahren musste, dass ein Nachbar, in dem ich so etwas wie einen Vaterersatz sah und den ich sehr gerne hatte, damals als junger Mann, besser als Jugendlicher, zusammen mit seinem Vater an dem Verwüstungswerk beteiligt war. Männer der Kirchengemeinde, später Mitglieder des Kirchenvorstands, Vorbilder für die nächste Generation!

Warum wurde nicht darüber gesprochen? Ließ es die Scham nicht zu? Verhielt man sich nur opportunistisch?

Andererseits: Hätten wir uns anders verhalten?

Beschämend ist freilich, wie lange es gedauert hat, bis ein Gedenkstein zur Erinnerung an die Existenz einer Synagoge gesetzt wurde. Zur 1100-Jahrfeier im Jahr 2000 ließ Bürgermeister Ernst Schuster das kleine würdige Mahnmal errichten; die Gedenktafel wurde erfreulicherweise in Absprache mit der Jüdin Emma Smith, geborene Neuburger, die es von Thalmässing nach Jerusalem verschlagen hat, gestaltet.

Wie schnell hatte man die Namen der gefallenen Soldaten in Stein geschlagen! Waren sie wirklich immer Helden und Vorbilder? Verteidiger der Freiheit? Was hatten sie vor Moskau, in der afrikanischen Wüste, auf griechischen Inseln zu verteidigen?

Natürlich interessierte mich auch die politische Vergangenheit meiner Familie. Aber erst als Erwachsener. Und in der eigenen Familie scheint man ohnehin zurückhaltender zu sein, wenn es um unerfreuliche Themen geht. Oder sind es auch hier immer die anderen, die „Dreck am Stecken“ haben?

Unter den Schriftstücken, die sich bei den Nachforschungen nach meinem vermissten Vater angesammelt haben, fand ich auf die Frage meiner Mutter, ob ihr Mann Parteimitglied gewesen sei, die Antwort des Bürgermeisters von Windischeschenbach vom 29.10.1945: Unterlagen über Parteizugehörigkeit oder Nichtparteizugehörigkeit des Ehemannes lägen nicht vor. „Auch sonst ist nicht bekannt, ob Ihr Mann bei der NSDAP war oder nicht.“ Meine Mutter hatte in ihrer Anfrage geschrieben: „In den acht Jahren unserer Ehe hat sich nämlich mein Mann nirgends beteiligt, hatte weder Parteiabzeichen, Ausweis oder dgl. Wir haben auch in dieser Zeit keinen Pfennig Beitrag bezahlt. Folglich muss ich doch auch annehmen, dass er nicht Partei-Mitglied war." Diese Version ist mir bekannt. Ob sie stimmt, weiß ich nicht. Aber es spricht nichts dagegen.

Meine Mutter war bei der NS-Frauenschaft. Nach ihren Erzählungen ging es nur darum, Aussiedlern aus dem Baltikum und anderen Bedürftigen ein wenig zu helfen. Ich hatte immer die Vorstellung, es habe sich um einen Wohltätigkeitsverein mit Kaffeetrinken und Verteilung von Geschenken an Notdürftige gehandelt. Das mag in einem Dorf so gewesen sein. Aber grundsätzlich ist auch diese Parteiorganisation mit Vorsicht zu genießen, wie ich heute weiß. Immerhin musste meine Mutter 1945 oder 1946 vor der Spruchkammer in Heideck erscheinen und eine Strafe von fünf Mark bezahlen! Sie galt demnach als Mitläuferin.

Die Verbundenheit mit Bedürftigen aus dieser Zeit hielt allerdings über viele Jahre an. Oft brachte meine Schwester oder ich Frau Röhrle, einer Baltin, am Sonntag ein Mittagessen. Sie lebte allein in unserem Dorf, war wohl einsam; sie beherrschte mehrere Sprachen, war sehr gebildet, und ihre Familie schien über die halbe Welt verstreut zu sein. Nur einmal im Monat konnte sie sich ein kurzes Telefonat mit einer Enkelin in den USA leisten. Heute bedauere ich, dass man als Kind und Jugendlicher so wenig gefragt hat. Was hätte mir diese Frau alles erzählen können!

Allerdings könnte es sein, dass sie mich indirekt motiviert hat, mich ein Leben lang für das Baltikum zu interessieren. Ich nehme an, dass mich das Wort „baltisch" unbewusst beeindruckt und in eine bestimmte Richtung gedrängt hat. Ich war glücklich, als ich 1996 zusammen mit meiner Frau eine dreiwöchige Reise durch die drei baltischen Staaten und nach Königsberg unternehmen konnte. So war ich noch nach Jahrzehnten so etwas wie ein Nutznießer einer NS-Organisation!

Wenn meine Mutter von Dorfbewohnern, es waren stets Männer, erzählte, die nach 1945 von den Amerikanern verhaftet und in einem Lager bei Hammelburg interniert waren, dann hatte ich immer den Eindruck, dies sei nur die Folge ihrer NS-Mitgliedschaft. Das kann aber wohl kaum sein, sonst hätten Millionen interniert werden müssen. Wenn ein Lehrer nicht mehr – auch in späterer Zeit – unterrichten durfte, dann mussten schon gravierende Gründe vorliegen. Und meist waren diese Männer ganz normale Zeitgenossen, ja sympathische Menschen. Merkwürdig!

Heute bin ich der Auffassung, dass wir alle in einer braunen Umgebung aufwuchsen, vielleicht Menschen die Hand reichten, an deren Fingern wirklich

Blut klebte, mit Erwachsenen zu tun hatten, die entweder die Vergangenheit bewusst verdrängten oder tatsächlich sich nicht mit ihr auseinandersetzen konnten. Wer in den Ruinen der Städte um seine Existenz kämpfte, hatte wirklich keine Zeit sich über die Ursache seiner Lage Gedanken zu machen. Wer um vermisste und umgekommene Familienmitglieder trauerte, fragte nicht nach dem Schmerz anderer – auch wenn er selbst in irgendeiner Weise dazu beigetragen hatte. Wahrscheinlich musste die Auseinandersetzung mit der Vergangenheit der folgenden Generation überlassen bleiben. Trotzdem: Die Ruinen verschwanden, die materielle Not nahm ab, die Trauer ließ nach. Man hätte als Mitverursacher schon einmal den Mund aufmachen und Verantwortung übernehmen können. Und wenn die Erwachsenen von damals nur gesagt hätten, dass ihnen ihr einstiges Handeln leid tue. Aber sie schwiegen – und wunderten sich dann, als am Ende der 60er Jahre ihre Söhne und Töchter nachdrücklich Fragen stellten.

SHELL

Kindheit

Sehen wir uns alte Fotographien an, lachen wir gerne über die inzwischen längst aus der Mode geratenen Kleider, aber auch unsere eigenen Kinderbilder kommen uns fremd vor, haben sich von uns abgelöst. Wir können mit ihnen nicht mehr viel anfangen. Nur die Erinnerungen an bestimmte Ereignisse, Situationen, Mitmenschen beleben sie und werten sie wieder – wenigstens teilweise – auf.

Bilder aus der unmittelbaren Nachkriegszeit sind natürlich selten; wer hatte schon einen Fotoapparat oder Filmmaterial! Dennoch existiert ein Bild von mir im Alter von etwa drei Jahren zusammen mit der sechs Jahre älteren Schwester:

Der Junge hat lange, sehr blonde Haare, die oben auf dem Scheitel zu einer Locke, einer Welle oder – wie der Franke sagt – zu einem „Gockel" zusammengesteckt sind. Ältere Betrachter werden sagen „Putzig!", junge „Furchtbar!" Beide haben Recht. Das Kind schaut wirklich unschuldig in die Kamera, ist liebenswert, man möchte mit der Hand über seine Locken fahren. Andererseits: Das Kind ist einem fremd und bleibt einem fremd, selbst wenn man den Namen erfährt. Und merkwürdig empfindet man die Mädchenfrisur, da es sich doch um einen Jungen handelt. Ist Ästhetik nur weiblich? Oder hatte man Angst, den Urzustand durch den Eingriff des Friseurs zu zerstören?

Wenn ich das Fotoalbum durchblättere, sehe ich immer wieder einen Jungen, der nun auch äußerlich deutlich als ein solcher zu erkennen ist, mit dem ich mich aber kaum identifizieren kann, den ich wie andere Personen auch distanziert betrachte. Unsere Vergangenheit legen wir zwar nicht ab wie alte Kleidungsstücke, aber sie hat eben ihre Unmittelbarkeit verloren. Man könnte ein wenig träumen, sich von den jeweiligen Bildmotiven inspirieren lassen, was aus diesem Jungen werden könnte – und dann sieht man in den Spiegel und wundert sich. Wie wenig entspricht der Mann über siebzig, den ich kenne, von dem ich weiß, was aus ihm geworden ist, wie er spricht, wie er denkt, wie er handelt, dem erträumten Bild.

Welche Möglichkeiten sind vertan worden! Welche Möglichkeiten haben sich eröffnet!

An den mädchenhaften Buben vermag ich mich kaum zu erinnern, freilich an den späteren, immer männlicher werdenden Jungen, unterstützt von Fotos. Über Jahrzehnte war in Deutschland der Matrosen-Look chic, Jungen und Mädchen, Kaisersöhne und Bürgerkinder konnten dieser Mode nicht entgehen. Auch ich kann mich an eine dunkelblaue kurze Bleyle-Hose und einem Pullover mit Matrosenkragen erinnern, eine Mütze freilich fehlte. Da waren mir die späteren Lederhosen, die Boxen, angefertigt vom ortsansässigen Sattler Stoll, schon wesentlich lieber. Wenn eine neue fällig war, brachte sie meist der Osterhase und versteckte sie am Ostersonntag. Diese Lederhose war wenigstens widerstandsfähig und ließ kein Loch wie die übrigen Stoffhosen zu. Natürlich waren es kurze Hosen, knielange Lederhosen wie in Oberbayern gab es in Franken nicht, außerdem waren die Hosen eines Jungen damals immer kurz. Die erste lange Hose bekam ich vielleicht mit zehn oder zwölf Jahren. Im Winter trug man zu den kurzen Hosen lange Strümpfe. Waren sie neu, dauerte es meist nicht lange und man fiel auf die Knie – und bekam Ärger. Nicht weil das Knie aufgeschürft war, sondern weil der Strumpf ein großes Loch hatte. Die Strümpfe wurden mit Hilfe eines Strumpfhalters an den Beinen gehalten. Entsetzlich! Ich habe dieses „Leibchen" mit Strapsen gehasst und fand es entwürdigend, ohne allerdings zu wissen warum; vielleicht weil Frauen auch so ein Kleidungsstück verwendeten.

Später nahm der Chic zu. Schneider Siegler, ein kleiner, schon immer ältlicher Herr, der bisher stets aus alten Mänteln und Jacketts Neues für mich produzierte, meist indem er das mitgebrachte Textil wendete, nähte für mich keine kurze Hose mehr, auch keine lange, sondern – weil es offensichtlich die Mode erforderte oder doch weil weniger Stoff erforderlich war? – Knickerbockers. Eine merkwürdige Hosenform, aber sie gefiel mir.

Wer heute Sport betreibt, muss sich in der Regel zuvor entsprechend einkleiden, um ihn ausüben zu können. Wir hatten es damals einfacher. Im Winter zog man über die – auch nicht übermäßig geliebten – langen Unterhosen eine weite Trainingshose an, schnürte sogenannte Skistiefel, die nichts mit den heutigen zu tun hatten, schlüpfte in einen dicken Pullover und einen Anorak und zog mit dem Schlitten oder den Skiern los. Alle Kinder liefen so oder so ähnlich herum und vergnügten sich.

Den ersten, ebenfalls maßgeschneiderten, Anzug erhielt ich als dreizehnjähriger Konfirmand. Das Foto zeigt einen lächelnden Jungen mit Linksscheitel, einer schmalen Fliege und einem Myrrhensträußchen am linken Revers. Er steht vor der Haustüre, links und rechts ein schmückendes Fichtenbäumchen, über der Türe hängt ein Kranz, in den in gleichmäßigen Abständen acht weiße Blumen, vielleicht aus Papier, gesteckt sind. Ein Bübchen! Aber doch auf dem Weg zum Erwachsenen. Allmählich erkenne ich mich auch in den Bildern, weiß nicht nur, dass ich es bin.

Wenn ich das Fotoalbum mit diesen frühen Bildern durchblättere, fallen mir die Sitten und Bräuche ein, die uns durch Kindheit und Jugend begleiteten.

Zur Konfirmation bekam auch ich von meinen Paten das Gesangbuch mit Goldschnitt und eingraviertem Namen auf der Rückseite und – endlich! – eine Armbanduhr geschenkt. Jetzt war es vorbei mit dem Tadel, weil ich die gesetzte Zeit nicht eingehalten hatte. Freilich fing ich nun auch an, bewusst in der Zeit und mit der Zeit zu leben. Wir wurden wie die Erwachsenen in die Zeit eingespannt und mussten über die Jahre hinweg lernen, wie knapp sie dem modernen Menschen werden kann und wie kostbar sie deshalb ist.

Beliebte Geschenke zur Konfirmation waren in den 50er Jahren Brieftaschen, Geldbeutel, Hemden mit den ersten Krawatten und, wenn man gar keine Idee hatte, womit man eine Freude bereiten könnte, Blumenstöcke, darunter vor allem Hortensien, wofür ich mich zwar höflich bedankte, worüber sich aber meine Mutter mehr freute. Auch Gustav Freytags Roman „Soll und Haben", zur Unterstützung protestantischer Ethik oder was man eben darunter verstand, lag auf dem Gabentisch. Ich muss gestehen, dass ich ihn bis heute nicht zu Ende gelesen habe. Dass es 1957 wirtschaftlich aufwärts ging, sah man an den Geldscheinen, die sich ansammelten. Natürlich ist dies alles kein Vergleich mit heutigen Kommunion- und Konfirmationsfeiern, aber wir können auch mitreden!

Selbstverständlich konnte man nicht nur einstecken, man musste schon auch etwas geben. Auf dem Lande war es üblich und selbstverständlich, dass bei derartigen Feiern tagelang vorher gebacken wurde und anschließend – gemäß Familiengröße und Wertschätzung – Kuchen-Pakete ausgetragen wurden. Nachbarn und gute Bekannte wurden beglückt mit trockenem Kuchen wie Gesundheits- oder Gewürzkuchen, Obstkuchen, Tortenstücken und Küchlein. Man ließ sich nicht lumpen! Was würden denn die Leute sonst sagen!

Wir hatten das Glück mit Frau Wiesinger befreundet zu sein, die, wie es in Franken heißt, Knieküchle, also runde Küchle, ausziehen konnte. Meine Mutter war zwar eine wirklich gute Köchin und Bäckerin, aber diese hohe Kunst beherrschte sie nicht. Wenn Frau Wiesinger in unserer Küche deshalb ihre weiße Schürze umband, übernahm sie auch die Herrschaft und wir hatten allen ihren Anweisungen nachzukommen. Es herrschte knisternde Spannung, wenn das erste Küchlein in die Pfanne mit Butterschmalz gelegt wurde. Wurde der Rand knusprig braun und erhob sich das Innere gleichmäßig dünn, oder wurde es ein „Dotschn", ein unförmiges Ding, dessen Inneres nicht durchscheinend aufging? Vom Gelingen hing nicht nur vieles, sondern alles ab. Entweder allseits große Freude und Lobessprüche über Produkt und Bäckerin oder gedrückte Stimmung. In den meisten Fällen war Hochstimmung zu verzeichnen.

Auch ich konnte bei meiner Konfirmation erfreulich schöne „Knieküchle" austragen.

Wenn ich heute am Kirchweihfest in der Bäckerei runde Küchle kaufe, und ich mache dies gerne, dann drehe ich sie immer um und zeige meiner Frau, dass es sich stets um „Dotschn" handelt, denn anscheinend kann in Franken keiner kunstvoll „Knieküchle" backen wie einst Frau Wiesinger.

Auf dem Land wurden nicht nur Kuchen und Torten bei Feiern ausgetragen, sondern auch Fleischstücke und Würste bei der Schlachtschüssel. Natürlich waren hierbei die Bauern verständlicherweise zurückhaltender, aber Lehrer oder Schulleiter, Pfarrer und auch die Hausmeisterin erhielten ihr Geschenk. Eine Zurückweisung wäre nicht nur dumm, sondern unverständlich gewesen. Als der neue Schulleiter dies tat, weil er es für Bestechung hielt, waren die Geber beleidigt. Für meine Familie waren diese Naturalien nicht nur gut, sondern auch eine Entlastung der Haushaltskasse.

Eine ganz große Freude war es, wenn ich bei den bäuerlichen Nachbarn an der Schlachtschüssel teilnehmen und kleine Dienste verrichten durfte. Noch heute denke ich wehmütig an die Kostproben des Kesselfleisches, der Innereien, die aus der „Metzelsuppe" herausgefischt wurden, an die ersten frisch gebratenen Bratwürste, an Blut- und Leberwurst. Nur ein einziges Mal hatte ich später als Student noch einmal bei einem Freund dieses Erlebnis, wobei freilich einige Gläser Schnaps das Fest abrundeten.

Unsere Mutter legte immer Wert darauf, dass die Geschenke zum Geburtstag oder zu Weihnachten schön eingepackt waren, aber ebenso, dass das Einbandpapier sorgfältig geöffnet wurde; man konnte es ja wieder verwenden. Postpakete, die damals noch verschnürt waren, wurden mit großer Ungeduld aufgeknotet und die Schnüre aufgewickelt. Alles war zu dieser Zeit kostbar und Geld sehr knapp. Sparsamkeit und den Wert der Dinge haben wir einst gelernt und später auch im Wohlstand nie ganz vergessen. Ich glaube, noch heute gibt es in unserem Haushalt Schnüre aus der Nachkriegszeit!

Und welche Freude empfand ich, wenn der Briefträger vor einem Fest Päckchen und Pakete brachte! War ich nicht zu Hause, wurden sie von meiner Mutter versteckt. Ansonsten wurde über den Inhalt gerätselt, das Paket vorsichtig geschüttelt. Neugierig war ich sehr, und deshalb waren zu diesen Zeiten keine Schränke und Schubladen vor mir sicher.

Wenig rücksichtsvoll war ich, wenn wir Pralinen geschenkt bekamen. Vorsichtig zog ich die Schachtel aus der Zellophanhülle, nahm eine, höchstens zwei Pralinen mit der sie umgebenden Papierhülle heraus, verschob die übrigen und schloss das Ganze wieder. Eine Meisterleistung, die freilich nie gewürdigt wurde, weil sie nie aufkam! Sonst wurde jede einzelne Praline gedrittelt und gerecht verteilt.

Viele Kinder wissen heute schon vor ihrem Geburtstag oder vor Weihnachten, was sie geschenkt bekommen. Sie sind zu bedauern, weil jegliche Spannung verloren geht. Natürlich habe auch ich dem Christkind Wunschbriefe zukommen lassen oder einfach Wünsche geäußert und ich möchte nicht die Anspannung während der Zeit vor dem Fest, die Freude bei Erfüllung, freilich auch die Enttäuschung bei Nicht-Erfüllung missen. Da ich ein relativ naives Kind war, glaubte ich lange an Christkind und Osterhase als Geber guter Gaben.

Dem Osterhasen musste in unserer Familie die Mutter pfeifen, und nach einigen Minuten konnten dann gefärbte Eier und andere Kleinigkeiten gefunden werden – bereits in der vorösterlichen Zeit. An Ostern selbst war das Nest reichlich gefüllt, und es gab sogar Bücher etc. Der pädagogische Wert solchen Brauchtums zeigte sich einmal, als im Nest eine Seife in Hasenform lag und den Schuljungen dazu brachte, seine Hände einigermaßen ordentlich zu waschen, wozu er zuvor keine Zeit fand.

An Weihnachten verlief das Ritual ähnlich wie bei vielen anderen Familien. Den Baum schmückte das Christkind im abgesperrten Zimmer am Nachmittag des Heiligen Abends, während wir uns in der Küche aufhielten, wobei merkwürdigerweise meine Schwester immer abwesend war. Um 17 Uhr gingen wir in den Gottesdienst, anschließend zündete die Mutter die Kerzen am Baum an, klingelte und wir zwei Geschwister sangen, spielten Flöte und konnten dann endlich die diversen Päckchen öffnen. Ein Paket wurde grundsätzlich von uns ganz zum Schluss mit großer Spannung geöffnet; es stammte von einer Nenn-Tante, von Tante Lisl. Keine anderen Geschenke waren so schön verpackt und keine Geschenke so großartig wie ihre. Die interessantesten Bücher, einige stehen noch heute in unseren Regalen, die tollsten Geschenke, wie z.B. ein Laubsägekasten oder Trix-Baukästen, kamen von ihr. Nach der Bescherung gab es das traditionelle Essen, ein einfaches Essen: den sogenannten Bunten Kartoffelsalat. Am 1. Weihnachtsfeiertag freilich stellte sich Mutter nach dem Gottesdienstbesuch wieder in die Küche und bereitete das Festessen zu: einen Braten oder schließlich – dem wirtschaftlichen Aufschwung entsprechend – eine Gans.

Fasching wurde in unserer Familie nicht gefeiert, aber zur Kenntnis genommen. Meine Mutter backte traditionell am Faschingsdienstag Schmalzgebäck, kleine „Kopfkissle", und lud ebenso traditionell am Nachmittag Frau Wiesinger ein, deren Ehemann erst nach einem Gasthausbesuch zum Abendessen erschien. Mit Fasching hatte dies an sich wenig zu tun. Und es wäre undenkbar gewesen, dass wir Kinder uns verkleideten. Dies tat man nicht in einer Familie, deren Vater vermisst war – so die Meinung der Mutter. Trotzdem war ich wenigstens einmal während meiner Kindheit ein anderer als sonst. Aus irgendeinem Grund war ich als vielleicht Zehnjähriger am Frühnachmittag des Faschingsdienstags bei einer Nachbarsfamilie, die sich wunderte, dass ich mich nicht am Faschingszug beteiligte. Als ich sagen musste, dass ich mich nicht maskieren dürfe, war man erstaunt und missbilligte diese Einstellung. Es dauerte nicht lange und mit Hilfe der ganzen Familie war ich plötzlich ein kleiner Kaminkehrer und die ältere Nachbarstochter Gretl nahm mich an der Hand und eilte mit mir Richtung Oberdorf, damit ich mich in den Faschingszug, der schon mit Musik und Geschrei unterwegs war, einreihe. Und so kam es, dass ich nicht nur an dem Umzug teilnahm, sondern ihn sogar anführte. Meine Mutter, die natürlich wie die anderen Dorfbewohner am Straßenrand stand und zuschaute, war darüber sehr erstaunt. Ich glaube, ich gefiel ihr ganz gut. Und dem Andenken des Vaters schadete mein Auftreten vermutlich nicht.

Bräuche und Sitten sind wichtig für eine Gemeinschaft, ob es sich um eine Familie, ein Dorf oder gar ein Land handelt, solange sie bewusst wahrgenommen werden. Sind sie zum sinnentleerten Ritual oder zum reinen Kommerz verkommen, wäre es besser, sie verschwänden aus unserem Leben. Was hat unser heutiges Weihnachten mit dem vor fünfzig Jahren oder mit dem aus dem Neuen Testament zu tun! Seit September werden wir in den Kaufhäusern mit diesem Fest traktiert – wie kann sich da noch jemand auf den Heiligen Abend freuen? Die Kinder wissen häufig, was sie bekommen, ja kaufen die Geschenke vor den Feiertagen mit den Eltern ein, damit es zu keinen Enttäuschungen kommt; die Frage quält, was soll ich dem oder jenem schenken, er hat doch schon alles; die Christbäume brennen wochenlang; in den Kaufhäusern rieselt ununterbrochen der Schnee und die stille Nacht, heilige Nacht hört gar nicht mehr auf. Ohne in falsche Nostalgie zu versinken, kann ich sagen, der mangelnde Überfluss nach dem Krieg hat es uns leichter gemacht, Freude zu empfinden und Freude zu geben. Der Lichterbaum war etwas Besonderes, das Geschenk nichts Selbstverständliches. Das Fest war keine Last.

Wenn aber Bräuche nicht zur Belastung und reinem Ritual werden, dann vermögen sie Emotionen zu vermitteln, einen Kontrast zum Alltäglichen zu bilden.

Ich wäre heute noch enttäuscht, wenn es zu Ostern keine gefärbten Eier gäbe, wenn die Geburtstagsgeschenke nicht schön verpackt wären, wenn mir der Pelzmärtel kein Säckchen vor die Türe stellen würde.

Natürlich gehört zu den Bräuchen nicht nur das, was Freude und Abwechslung verschafft. Ich fand es immer gut und richtig, wenn z.B. bei einem durch das Dorf ziehenden Leichenzug die Menschen stehen bleiben, die Männer ihren Hut ziehen, um dem Toten, bekannt oder nicht, die letzte Ehre zu erweisen.

Bräuche können auch böse und gemein sein. In Goethes „Faust“ wird dem Gretchen von einer Freundin erzählt, dass Bärbelchen, die ein uneheliches Kind erwartet, „Häckerling“ vor die Türe gestreut werde. Ich sah als Jugendlicher eine solche Spreu-Spur, die vom Haus der Braut zur Kirche führte, um ihre Schwangerschaft anzuprangern. Brauch als soziale Kontrolle – freilich in ihrer widerwärtigen Form!

Dass Menschen Brauchtum und Tradition nötig haben, zeigt sich nach der Abkehrung in der erneuten Hinwendung in den 70er und 80er Jahren. Zwar geht es in der Regel um das Feiern irgendwelcher Feste, aber damit wird doch zum Ausdruck gebracht, dass man mit anderen Menschen zusammenkommen, mit ihnen essen und trinken will und dass man das Leben strukturieren und dem Gleichmaß entgehen möchte.

Kulturelles Leben im Dorf

Das kulturelle Leben im Dorf in den 50er und 60er Jahren mag, gemessen an heutigen Maßstäben, bescheiden gewesen sein und dennoch war es enorm wichtig für mich. Es trug zur Erkenntnis bei, dass die Welt bunt und viel größer ist, als sie im Alltag erschien.

In die Schule kam gelegentlich eine Tierschau. Die Männer und Frauen waren meist etwas exotisch, die uns Schülern, die im großen Rund auf dem Schulhof standen, Schlangen, Affen und sonstige kleinere Tiere zeigten. Ganz Mutige durften sich eine Schlange um den Hals legen lassen. Auch ich gehörte dazu! Wir sahen erstmals Tiere dieser Art mit eigenen Augen.

Manchmal kam ein Zirkus ins Dorf. Natürlich war er klein und verdiente wohl kaum den Namen, aber wir konnten plötzlich einen in seinen Käfig eingesperrten Tiger oder Löwen bewundern. Oder Artisten spannten ihre Seile und fuhren mit Rädern hoch über unsere Köpfe hinweg – und wir staunten. Als ich später als Deutschlehrer meinen Schülerinnen berichtete, wie Theatertruppen in früheren Jahrhunderten durchs Land zogen und die Bevölkerung zusammenströmte, um sich diese Abwechslung nicht entgehen zu lassen, dachte ich dabei manchmal an meine eigene Kindheit.

Mein Dorf mit seinen fast 2000 Einwohnern war groß genug, um ein eigenes Kino zu unterhalten. Der Gastwirt „Zum Engel" hatte dazu seinen großen Wirtshaussaal umfunktioniert. In einem Schaukasten warben Plakate für die Filme. Im Religionsunterricht bat uns der Pfarrer gelegentlich, an diesem Kasten vorbeizugehen und die Bilder nicht anzusehen. Da er sich nicht näher äußerte, verstanden wir zwar seine Abneigung, aber nicht den eigentlichen Grund. Dies hatte zur Folge, dass wir die Fotos erst recht betrachten mussten. Außer etwas großen Dekolletés der Filmschönheiten sahen wir nichts Auffälliges. Für meine Schwester und mich endete an diesem Werbekasten das Kino, denn aus finanziellen und wohl auch aus moralischen Gründen erlaubte uns Mutter den Besuch nicht. Nur bei schulischen Kinoveranstaltungen kamen wir in den Filmgenuss. Erst als wir älter waren und meine Schwester sich Mitspracherechte anmaßte, sah ich im dörflichen Kino einige wenige Filme – mit dem Ergebnis, dass ich noch heute die eine oder andere Szene vor Augen habe.

Von großer Bedeutung waren Lichtbilder-Vorträge, so hieß dies damals, die Schulleiter Schramm selbst hielt oder organisierte. Der „Tucher-Saal" war voll besetzt, wenn Fauna und Flora unserer eigenen Umwelt oder Reisen in andere Länder vorgestellt wurden. Hervorragende Vorträge hielt ein Gymnasiallehrer aus Schwabach, ein Herr Helmreich. Noch heute kann ich mich an seinen

Vortrag über das ferne Griechenland erinnern, an seine Freude an Säulen und antiken Trümmern, dokumentiert durch zahllose Dias – und glaube, dass dies ein wichtiger Beitrag für mein späteres Interesse an der Antike war, die ich hier erstmals kennen lernte.

Ein Höhepunkt war für mich der Dia-Vortrag eines Mitreisenden von Sven Hedin: Fritz Mühlenweg. Dieser große Mann mit seiner wilden Haarmähne beeindruckte mich tief. Noch heute liegt in meinem Schreibtisch ein vergilbter Werbezettel mit seinem Bild. Er warb damals auch für seine Bücher, die zum Glück für die Schulbibliothek angeschafft wurden, und die ich begierig las. Schon die Titel waren aufregend: „Großer Tiger und Kompassberg" und „Null Uhr fünf in Urumtschi". Später erzählte ich meiner Frau davon und freute mich wie ein Kind, als sie mir diese Romane, die nach Jahrzehnten neu aufgelegt wurden, wenn auch unter anderem, nicht so ansprechendem Titel, schenkte. Ich erhielt ein Stück Kindheit zurück.

Die Einrichtung dieser dörflichen Volksbildungswerke, die meist von Lehrern geleitet wurden, ist für die ersten beiden Jahrzehnte nach dem Krieg gar nicht hoch genug einzuschätzen. Leider trat später an die Stelle dieser Institution der Fernsehapparat.

Wichtig waren ebenso die Theateraufführungen der Vereine und der katholischen Jugend. Die Bevölkerung nahm das Angebot als Abwechslung gerne an. Ich selbst sah nur einige Aufführungen, weil ich in den 50er Jahren noch zu jung war. Unvergessen aber „Charly's Tante"! Peter Alexander hätte seine Freude daran gehabt!

Auch die Schule trug zur Wissenserweiterung jenseits des Klassenzimmers bei. Der Omnibus brachte uns zur Befreiungshalle bei Kelheim, zur Walhalla bei Regensburg, zum Donaudurchbruch und zum Kloster Weltenburg, ein andermal nach Coburg mit seiner Veste oder nach Schloss Banz und Vierzehnheiligen. Heutigen Ohren klingen diese Ziele wenig beeindruckend. Aber damals waren das große Unternehmungen. In aller Frühe musste man aufstehen, die Anfahrt war lange, Autobahnen gab es fast nicht. Mutter hatte Brote gestrichen, Eier gekocht, Tee zubereitet. Wir Kinder waren aufgeregt und durften endlich wieder einmal mit einem Omnibus fahren. Erst spät abends kamen wir mit vielen Eindrücken zurück und freuten uns über das Gesehene und Erlebte.

Ein anderes Mal organisierte die Schule eine Fahrt ins Theater nach Nürnberg. Erstmals saß ich im Opernhaus, vielleicht sieben, acht Jahre alt, und staunte und konnte es nicht fassen, als in „Peterles Mondfahrt" die Hauptfigur aus einer Kanone zum Mond geschossen wurde. Der kleine Peter schwebte durch den

Bühnenraum – und ich war baff. An anderer Stelle wuchsen Bäume – oder waren es Menschen – aus dem Boden. Unerklärlich, aber wunderbar!

Wurde da nicht auch der Grund gelegt für die spätere Freude am Theater? Liegen nicht hier die Fundamente für die aktive und passive Teilnahme am kulturellen Leben?

Die Schule, d.h. Herr Schramm, bot auch eine Blockflötengruppe an und erschloss mir somit ein wenig die Welt der Musik, obwohl sich meine Künste in Grenzen hielten.

Man mag viele Argumente gegen die Einrichtung Schule anführen – und ich schließe mich in manchem durchaus an -, aber sie ist nach wie vor ein wichtiger Impulsgeber, mögen auch heute die neuen Medien neben sie getreten sein. Ersetzen werden diese sie nie, denn es gehören die Menschen aus Fleisch und Blut dazu, die Anregungen geben, Begeisterung wecken, Neues erschließen (freilich auch vermiesen) können. Um wie viel wichtiger war diese Bildungseinrichtung zu meiner Kinderzeit!

Höhere Bildung

Ab September 1957 fuhr ich jeden Morgen mit der „Gredl" in die 14 km entfernte Kreisstadt Hilpoltstein und besuchte die Mittelschule (heute Realschule), deren Klassen nach Geschlechtern getrennt waren. Aus Platznot fand meine Klasse Unterschlupf im ersten Stock des Rathauses – und war insofern vom übrigen Schulbetrieb abgekoppelt.

Erstmals lernte ich das Fachlehrersystem kennen, aber auch das, was man heute wohl „Schulangst" nennt. Obwohl die Noten gut waren, hatte ich den Eindruck, den Anforderungen nicht zu genügen. An den Lehrkräften lag es nicht, sie bildeten eine ganz normale Mischung. Wahrscheinlich setzte ich mich selbst unter Druck und machte mir erstmals in meinem Leben Gedanken über Schulnoten. Diese waren sieben Jahre lang kein Thema gewesen.

Heute weiß ich, dass viele Kinder beim Wechsel auf eine höhere Schule dieses Problem haben. Erforderlicher Notendurchschnitt – oder wie damals Aufnahmeprüfung – schafft erst einmal so etwas wie Gleichheit und Ausgangspunkt für eine neue Hierarchie. Die momentane Orientierungslosigkeit, das Fachlehrersystem, die relativ große Zahl unterschiedlicher Lehrkräfte (die in den seltensten Fällen eine einheitliche Pädagogik vertreten) machen vielen Kindern den Übertritt nicht immer ganz leicht. Leider hat sich in den vergangenen fünfzig Jahren nicht allzu viel geändert. Schade um manches Kind, das wegen dieser ersten Hürden versagt!

Obwohl ich diese Schule nur ein Jahr besuchte, habe ich ihr Wesentliches zu verdanken. Ich lernte sauber und korrekt zu arbeiten und mit der Maschine zu schreiben. Wenn ich heute meine Schulhefte aus dieser Zeit mit denen des Gymnasiums vergleiche, dann liegen Welten dazwischen. Dort Sauberkeit, Ordnung und Übersichtlichkeit – hier eher das Gegenteil. Die Sekundärtugenden werden an Realschulen viel stärker als an Gymnasien gepflegt. Als junger Lehrer unterrichtete ich gleichzeitig an beiden Schularten und machte diese Erfahrung. Die Realschüler sind braver, werden mehr zur Ordnung angehalten, die Gymnasiasten sind vielleicht geistig wendiger, aber auch großzügiger in ihrem Verhalten. Wenn ich später von meinen Schülern bzw. Schülerinnen, es waren ja fast immer Mädchen, Ordnung, saubere Heftführung etc. verlangte, dann war dies eine Auswirkung meiner Schulzeit an der Mittelschule. Allerdings ging ich nie so weit, wie der von mir sehr geschätzte Deutsch-Lehrer Kramer, der die Hausaufsätze gegen das Licht hielt, um zu prüfen, ob radiert worden sei, und sie dann wortlos zurückreichte. Mancher Schüler schrieb sein Werk mehrmals!

Das Zehn-Finger-System beim Maschinen-Schreiben wurde für mich nicht weniger wichtig. Ich habe mein Leben lang größere Arbeiten mit der Maschine geschrieben und musste nicht mit zwei Fingern auf den Tasten herumspringen. Der Unterricht in Stenographie hat allerdings wenige Früchte getragen.

Vom Unterrichtsstoff, der genau vor sechzig Jahren angeboten wurde, weiß ich fast nichts mehr, aber ich kann mich sehr genau an die erste Schullektüre erinnern: „Der beschriebene Tännling“ von Adalbert Stifter. Die Schilderung des Geschehens und die Sprache haben mich beeindruckt und sind – ohne dass es mir freilich bewusst war – sicher auch ein Grund für meine Hinwendung zur Literatur gewesen. Die Schule vermag wohl doch Anstöße zu vermitteln!

Aufgrund meiner guten Noten setzte mir meine Schwester den Floh ins Ohr, doch aufs Gymnasium zu gehen. Was war ihr Beweggrund? Ich denke: Was ihr nicht vergönnt war, sollte mir möglich sein. Meine Mutter gab halbherzig ihr Einverständnis, weigerte sich aber mit mir nach Schwabach zu fahren. Dort gab es neben einer Oberrealschule ein Deutsches Gymnasium mit Kurzform, d.h. man wechselte erst nach der 6. Volksschulklasse auf dieses Gymnasium, das den Unterrichtsstoff nicht in neun, sondern in nur sieben Jahren bearbeitete. Eine wichtige Schulform vor allem für Kinder, die Spätentwickler waren. Meine Schwester begleitete mich, um den dortigen Schulleiter nach Modalitäten zu befragen und mich vorzustellen.

Der erste Eindruck war wohl auf beiden Seiten eher negativ. Der Direktor, ein Herr Schmutzler, war ein alter Mann, der nur noch wenige Tage im Amt war und dessen spontane Fragen nach meinem Wissen ich nur notdürftig beantworten konnte. Wer weiß schon unbedingt die englische Pluralform von „ox“? Vermutlich war er aufgrund meiner Antworten oder meines Schweigens überzeugt, es sei besser für mich weiterhin die Mittelschule zu besuchen.

Trotzdem: Im September unterzog ich mich der Aufnahmeprüfung, bestand sie und übersprang die erste (d.h. die siebte) Klasse, musste allerdings ziemlich viel in Mathematik und vor allem ein Jahr Latein nachlernen.

Das hört sich gut an, war aber nicht so gut. Wir hätten auf den pädagogischen Rat des neuen und sehr sympathischen Direktors Thiersch (der leider schon nach drei Jahren plötzlich verstarb) hören sollen; er riet von dem Überspringen ab. Zwar kam ich bis zur zehnten Klasse, aber dann brach mein Wissensgebäude zusammen, weil einfach das Fundament nicht stabil genug war. Das Nicht-Bestehen einer Klasse traf mich tief, erwies sich aber im Nachhinein als Segen. Ich konnte meine Lücken schließen, die Schule war anschließend kein Problem mehr für mich und ich wurde sogar ein sehr guter Lateiner. Ende gut, alles gut! Und ich habe vieles dabei gelernt!

In späteren Jahren war ich froh um meine Erfahrungen, die ich einst als Schüler machte. Nur ein Lehrer, der selbst Niederlagen einstecken musste, weiß, wie tief einen eine Fünf oder gar Sechs treffen kann, versteht seine leidenden Schüler und kann ihnen vielleicht im Gespräch Trost spenden und eventuelle Hilfestellung geben. Andererseits wurde mir auch klar, wie nützlich eine Wiederholung sein kann, welche Chancen sie bietet. Leider war dies später den Eltern nicht immer zu vermitteln, denn nach wie vor gilt das Nicht-Bestehen einer Klasse als Schande, ja als Unmoral. Ich machte als Lehrer aber auch die Erfahrung, dass pädagogische Ratschläge und Empfehlungen häufig nicht angenommen werden, so wie ich einst dem Rat meines Direktors nicht nachkam.

Mein Gymnasium, ein Musisches Gymnasium, war in einem ehemaligen Frauengefängnis untergebracht, das nach dem Krieg der sogenannten Lehrerbildungsanstalt Unterschlupf geboten hatte. Die Anstalt glaubte man ihr sofort, wenn man die Glasscherben sah, die oben in der Umfassungsmauer, die einen Teil des Schulgeländes umgab, eingelassen waren. Aber wir liebten unsere alte Schule, sie hatte gerade wegen ihres Alters Charme und war nicht so unpersönlich wie die modernen Schulgebäude, die in den 70er und 80er Jahren gebaut wurden. Unvergesslich der leicht verwilderte Garten mit Laube, der zwar nicht unbedingt für uns gedacht war, in dem wir aber so manche Zigarette rauchten, ernsthafte Gespräche führten und alberten!

Die Lehrerschaft, fast ausschließlich Männer, war durchschnittlich, ihr Verhältnis zu den Schülern der Zeit entsprechend eher distanziert. Wir mussten jede Lehrkraft, und sei es ein junger Referendar, mit „Herr Professor“ anreden. Die Lehrer hatten damals noch Spitznamen, die von Generation zu Generation überliefert wurden, wie Tacitus, Frosch, Gauß, Pluto, Knochen.

Zu einem Lehrer, zu Pluto, hatten wir ein persönlicheres Verhältnis. Zum einen unterrichtete er uns über viele Jahre in den Fächern Deutsch, Geschichte, Erdkunde und Gemeinschaftskunde, zum andern baute er eine Theatergruppe auf, in der ein Teil der Klasse mitwirkte. Diese außerschulische Tätigkeit brachte uns ein Stück näher. Mit „Protokoll B.“, einem modernen Weihnachtsstück von Rudolf Otto Wiemer, hatten wir großen Erfolg. Wir reisten sogar nach Niederbayern und führten das Drama auf und stellten es bei den Bayerischen Schulspieltagen in Würzburg vor. Gemeinsame Unternehmungen sind zwischenmenschlichen Beziehungen immer förderlich.

Zu dieser Zeit erschien der Roman „Exodus“ von Leon Uris. Da ich wusste, dass Pluto dieses Buch hatte und ich es gerne lesen wollte, nahm ich mir ein Herz und fragte ihn, ob er es mir nicht leihen würde. Eine solche Bitte an einen Lehrer gerichtet war damals nicht selbstverständlich. Ich erhielt das Buch.

Ich möchte Pluto nicht missen. Er war mir später in manchem ein Vorbild.

Eine Reihe von Lehrern war für mich unbedeutend, über einen, der Latein unterrichtete, kann ich nur den Kopf schütteln. Mir wurde auch später nie klar, warum man als Lehrkraft schreien muss, wenn der Schüler etwas nicht kann oder falsch macht. Ich bin dazu da, ihm zu helfen, ihn zu unterrichten. Wenn er faul ist, dann rege ich mich nicht auf, sondern spreche mit ihm oder gebe ihm die entsprechende Note. Dieser Lateinlehrer konnte brüllen wie ich später niemals mehr jemanden brüllen hörte. Dass wir Kinder verschreckt in den Bänken saßen, war klar.

In den letzten drei Jahren, also in der Oberstufe, hatten wir unseren Direktor, Fritz Hecht, als hervorragenden und überaus geduldigen Mathematiklehrer, dessen Beiname „Papa" Hecht alles sagt. In Latein unterrichtete uns in der 12. und 13. Jahrgangsstufe Klassenlehrer Koch, sehr ruhig, sehr zurückhaltend, gelegentlich jedoch ironisch und deshalb für manchen nicht angstfrei. Aber er erwarb sich große Verdienste in unserer Klasse, denn er vermittelte uns allen die Liebe zu Rom. Die Abiturfahrt mit ihm in die Ewige Stadt war für uns ein großes Erlebnis und für manche weichenstellend. Dass ich einmal so etwas wie sein Nachfolger werden würde, konnte ich damals natürlich nicht ahnen.

In den Schulen hat sich seitdem viel verändert. Das Verhältnis zwischen Schülern und Lehrkräften ist um vieles persönlicher, ja partnerschaftlich geworden. Es finden außerschulische Gespräche statt, die bis in den Bereich des Intimen gehen. Nie werde ich die tränenüberströmte Elftklässlerin Eva vergessen, die mich vor Unterrichtsbeginn um ein Gespräch bat, in dem sie mir schluchzend erzählte, dass ihr Freund ihr soeben den Laufpass gegeben habe. Natürlich konnte ich ihr nicht helfen, nur tröstende Worte sagen. Aber die Tatsache, dass eine Schülerin einem Lehrer so etwas Persönliches berichtet, beweist, dass Vertrauen zwischen beiden Seiten möglich und vorhanden ist. Dies wäre zu meiner Schulzeit undenkbar gewesen. Damals waren Lehrer in der Regel – leider! – nur Wissensvermittler; heute sind Lehrer großenteils – zum Glück, denn das gehört zum Pädagogen! – Vertraute, Partner. In meiner 35-jährigen Berufszeit habe ich beobachtet, dass viele meiner Kolleginnen und Kollegen ihre Klientel haben, also Schüler, die sich gerade mit ihnen besonders gut verstehen und daher immer jemanden haben, dem sie sich anvertrauen, zu dem sie gehen können. (Wenn Außenstehende oft wüssten, mit welchen Themen und Problemen Jugendliche sich an uns wenden! Da gibt es keine Tabus.) Natürlich darf ich nicht erwarten, dass ich allen gleichermaßen sympathisch bin. Vielen werde ich nur als Wissensvermittler gedient haben, aber nicht wenigen auch als Person, der man Vertrauen entgegenbringen kann.

Das heißt nicht, dass es heute keine Widerlinge, keine Pauker alten Stils mehr gibt, keinen „Professor Unrat" oder „Gott Kupfer", wie wir sie aus der Literatur kennen, aber sie sind deutlich weniger geworden. Freilich liest man von diesen in der Zeitung, nicht von den anderen, die so sind, wie sie als Pädagogen sein sollen. Mit dieser Verzerrung wird Schule – wie jeder andere Berufsstand – immer leben müssen.

In meiner Schulzeit ging man kaum auf den Einzelnen ein. Gerade als Fahrschüler stand man gelegentlich unter Zeitdruck und es war nicht immer einfach, die Hausaufgaben zu erledigen. Aber es wäre undenkbar gewesen, einer Lehrkraft zu sagen, dass man die Arbeit nicht durchführen konnte. Also blieb nur das Abschreiben. Ich erinnere mich, dass ein einziges Mal ein Schüler – freilich etwas patzig – sagte, er habe keine Zeit für die Hausaufgabe gehabt; der Lehrer, der Mathematiker „Gauß" war fassungslos, wiederholte mehrmals erschüttert den Satz: „Ich habe keine Zeit gehabt!", versicherte, dass ihm dies noch nie in seiner langjährigen Tätigkeit passiert sei und dass er es aufschreiben und einen Verweis ausstellen müsse. Wenn Gauß zwanzig Jahre später plötzlich hätte unterrichten müssen, ihn hätte vermutlich der Schlag gerührt wegen der fehlenden Arbeiten aus unterschiedlichsten Gründen. Auch wenn das Pendel ein wenig zu sehr in die andere Richtung geschwungen ist, es muss einem Schüler erlaubt sein zu sagen, dass er aus diesem oder jenem Grund die Arbeit nicht erledigen konnte. Als Lehrer kennt man schließlich seine Schüler und weiß genau, ob es sich um eine Ausnahme oder um Regelmäßigkeit handelt.

In meiner Gymnasialzeit hatte ich nur kurzfristig mit einem Sportlehrer zu tun. Wegen einer Wirbelsäulenerkrankung lag ich ein Vierteljahr lang in einem Gipsbett, später nur noch nachts und musste dann ein Korsett tragen, das ich wie die Pest hasste, und durfte mich nicht am Schulsport beteiligen. Darüber war ich nicht traurig. In den höheren Klassen saß ich häufig in diesen Stunden mit „Leidensgenossen" in einem Café und genoss diese natürlich verbotene Freiheit.

Ich nahm mir überhaupt viele Freiheiten heraus und wundere mich nachträglich, dass dies möglich war. Wenn ich in der Unter- und Mittelstufe gelegentlich den Eindruck hatte, eine Schulaufgabe verhauen zu haben – und der Eindruck war nie eine Täuschung -, packte ich meine Schulmappe und fuhr einen Zug früher nach Hause. Meine Mutter brauchte dann gar nicht zu fragen, wie die Prüfung verlaufen sei. Ich bekam nie Schwierigkeiten. Erst in der 13. Klasse hatte ich Pech. Wieder einmal verließ ich frühzeitig den Unterricht, natürlich ohne Befreiung, und absolvierte einen Arztbesuch. Aus unbekannten Gründen ging man in dieser Woche den Fehlmeldungen gründlich nach – und ich bekam einen einstündigen Direktoratsarrest, meine einzige Schulstrafe. Zwar war sie hier sicher nicht gerechtfertigt, wog aber die früheren Absenzen ein wenig auf!

Wenn über die Schulzeit geschrieben wird, hat der Leser oft den Eindruck, diese habe für den Autor nur aus Streichen und Merkwürdigkeiten bestanden. Auch wenn ich später nie mehr so viel wie als Schüler gelacht habe, möchte ich meine eigene Schulzeit nicht verklären. Sie war ein Stück Lebenszeit mit viel Ernst und mit manch Schönem, aber ich war froh, als sie schließlich zu

Ende war. Mir ging die ständige Bevormundung auf die Nerven, mich störte die Kleinkariertheit einiger Lehrer; fünfzehn Jahre Aufenthalt in einem Klassenzimmer waren genug.

Und doch kann auch ich mit einem besonderen Schulerlebnis aufwarten. Unser Hausmeister, der den Titel Offiziant trug, hatte die Angewohnheit, ein Exemplar der anstehenden Schulaufgabe, die er im Auftrag der jeweiligen Lehrkraft hektographiert hatte, bei sich zu tragen, sie aus seiner Jacketttasche zu ziehen und für einen kurzen Moment Schülern zu zeigen. Wenn jemand ein Wort des Textes wahrnahm, war dies schon viel. Mir gelang es einmal, ihn nach Unterrichtsschluss abzupassen und ihm tatsächlich die Arbeit abzuluchsen, weniger für mich als für eine Mitschülerin, in die ich verliebt war. Ich sperrte mich in eine Toilette ein, um sie hastig abzuschreiben. Inzwischen bereute der Hausmeister wohl sein Handeln, wusste er doch, dass er in Teufels Küche kommen könne, und drängte mich, die Toilettentür aufzusperren und ihm das Stück Papier zurückzugeben. Ich dachte gar nicht daran. Ich war gewillt, die gesamte Arbeit abzuschreiben – komme, was da wolle. Schließlich war ich fertig und gab ihm die Schulaufgabe dankend zurück. Drei Mitschülerinnen erhielten anschließend von mir die Arbeit, einen englischen Text, in dessen Übersetzung wir individuelle Fehler einbauten. Die Rechnung ging auf, die Noten waren erfreulich. Weniger erfreulich waren für mich mein dringendes, ja flehentliches Bitten, das Knien auf dem schmutzigen Boden neben einer Toilettenschüssel, um den Text abzuschreiben, der Gestank eines Schülerklos, das Drängen des Hausmeisters, die Vorlage wieder zurückzugeben. Eigentlich eine entwürdigende Situation! Andererseits bewiesen wir Haltung. Großzügig schenkten wir dem Offizianten Zigarren und bei seiner Beförderung zum Hauptoffizianten eine Flasche Schnaps. Und gelernt hatte ich auch etwas. Bis heute weiß ich, was „much ado about nothing“ heißt.

Auch ansonsten ging es bei uns nicht triste zu. In der 13. Klasse erhielt ich zum Beispiel plötzlich während einer Deutsch-Schulaufgabe ein kleines Brieflein, in dem mein Freund Wolfgang mir Folgendes mitteilte:

Es ist im menschlichen Bedenken

Es ist im menschlichen Bedenken
gar oft ein Fehler zu ersehn,
der selbst durch angestrengtes Denken
und Grübeln ist nicht einzusehn.

Da stellt sich nun ein Menschlein vor,
dass es im Aufsatz manches kann;
doch ist der Mensch ein großer Tor,
voll Eitelkeit und niedrem Wahn.

Es geht im Leben meistens anders aus,
und auch nicht immer bist du voll des Lichts.
Drum sag ich Dir, o, lieber Kraus:
Mit deinem Einser ist es diesmal nichts!

Ich glaube, seine Prophezeiung erfüllte sich.

Natürlich trieben wir all den Blödsinn, den Schüler zu allen Zeiten trieben und der Schule erträglich und ein wenig abwechslungsreich machte und macht. Trotzdem: Realität und Feuerzangenbowle-Seligkeit sind zweierlei.

Wenn ich ein Fazit meiner Gymnasialzeit ziehen soll, fällt mir dies schwer. Gelegentlich neige ich dazu zu sagen, diese Schule habe mir gar nichts gegeben. Ich lernte nicht das kritische Denken; viele Lehrkräfte waren borniert; ich bekam keine wesentlichen Impulse; was in meinem Leben später für mich wichtig werden sollte, habe ich nicht der Schule zu verdanken.

Wenn ich gerecht sein will, dann muss ich zwar bei dieser Kritik bleiben, aber zugeben, dass ich viele Informationen erhielt, die ich sonst nicht bekommen hätte; insofern kam sie ihrer Aufgabe als Wissensvermittlerin nach; ich musste mich mit Dingen beschäftigen, die ich zwar später in meinem Leben nicht brauchte, wie das Ausrechnen des Inhalts von Pyramiden, die aber interessant waren und die meinen Geist ein wenig schulten.

Die Gerechtigkeit erfordert auch den Hinweis auf das Schulsystem, das damals schon überholt und wenig effizient war. Ein typisches Beispiel: Bestimmte Sachverhalte, sagen wir das Zeitalter des Barock, wird in diesem Jahr in Deutsch besprochen, im nächsten in Musik und im übernächsten in Kunst. Ist dies sinnvoll? Es ist zeitausfüllend – mehr nicht! Man zieht aus irgendwelchen Gründen eine Wissens-Schublade auf, bietet den Inhalt dar, prüft das Wissen der Kinder ab und schließt die Schublade wieder. Man hätte ebenso eine beliebig andere Schublade aufziehen können. Auf die individuellen Fähigkeiten und Interessen der jungen Menschen wurde kaum geachtet. Erst die Einführung der Kollegstufe mit ihrem Kursangebot in den 70er Jahren kam individuellen Neigungen nach. Aber in Bayern hat man diese neue Schulform der Oberstufe nie geliebt und zunehmend zurückreformiert und trug sie derzeit erfolgreich zu Grabe – und die Totengräber sind auch noch stolz darauf!

Mit den didaktischen Kenntnissen unserer Lehrer stand es auch nicht immer zum Besten. Es wäre oft nötig gewesen, den Kindern zu erklären, warum ein Stoffgebiet behandelt wird, welche Bedeutung es im Leben des Einzelnen haben kann. Ich möchte nicht wissen, wie viele Schüler zum Beispiel lateinische Sätze übersetzten, eventuell sogar richtig übersetzten, ohne letztlich zu wissen, worum es ging. Die Lehrkräfte hätten stärker mit Bild und Ton arbeiten müssen. Ich kann mich erinnern, dass eine „Triere“ mit „Dreiruderer“ übersetzt wurde; die Vorstellung von diesem Fahrzeug blieb vage, als Student sah ich erstmals ein Bild dieses Schiffes – und alles war klar.

In Englisch übersetzten wir eifrig Texte, aber wir lernten kaum das Sprechen in der fremden Sprache. Es gab einige wenige Mitschüler, die wirklich gut englisch sprachen, aber diese hatten es nicht im Unterricht gelernt, sondern von amerikanischen Bekannten.

Zur Pädagogik gehört die Liebe zur Sache und zum Kind – alles andere ist funktionslose Wiedergabe und Drill. Die jungen Menschen müssen spüren, dass die Lehrkraft hinter dem Gesagten steht, ja dass es ihr so wichtig ist, dass sie es anderen gerne weitergibt. Und sie müssen sich sicher sein, dass sie nicht als doof und dumm empfunden werden, nur weil sie dieses Wissen (noch) nicht haben. Wenn ich meine Lehrer Revue passieren lasse, dann habe ich meine Zweifel. Ist dies Liebe zur Sache, wenn der Brüll-Lateiner schreit, weil ich das Gerundiv nicht kann oder verstehe, oder brüllt er, weil er mich liebt?

Ein weiterer Aspekt soll gerechtigkeitshalber erwähnt werden. Während man später, zu meiner Zeit als junger Lehrer, die Jahresleistung eines Schülers bis zur Hundertstel-Note ausrechnete, das heißt sehr formalistisch war, denn alles sollte „justiziabel“ sein, waren unsere Lehrer eher großzügig, verzichteten auf umständliche Rechnereien – und dennoch waren ihre Noten letztlich gerechter, lebensechter, auch wenn sie vielleicht ein wenig über den Daumen gepeilt waren. Denn kann jemand eine Sprache 2,61 beherrschen? Verfügt jemand über 3,75 historische Kenntnisse? Mir ist eine Beurteilung ohne arithmetische Pseudo-Genauigkeit lieber. Die Eltern hatten damals noch mehr Vertrauen zu einer Lehrkraft – oder war es doch nur Angst vor der Autorität, die sie abhielt, Noten anzufechten?

Ich hatte die Schule jedenfalls satt, zumal ich mich noch mit einigen Lehrern angelegt hatte, und schrieb im Frühsommer 1965 das Abitur. Nicht im schwarzen Anzug, wie dies noch kurz zuvor üblich war, auch nicht in der Badehose, wie der Direktor als Möglichkeit auf die Frage nach der Kleiderordnung anbot.

Im Latein-Abitur amüsierte ich mich sehr, weil wir ausgerechnet in der Turnhalle mehr zusammen arbeiten konnten als im engen Klassenzimmer. Ich saß ganz hinten, vor mir ein Kollege aus der Nachbarklasse, der etwas verzweifelt sein Blatt so hoch hielt, dass ich seine Lücken sehen konnte. Ich musste ihn erst einmal beruhigen und darauf hinweisen, dass meine Beratungen mit einem Mitschüler, der schräg von mir in einer zweiten Reihe saß, noch nicht abgeschlossen seien. Anschließend erhielt er das gewünschte Ergebnis. Die auf und ab gehenden Lehrkräfte waren entweder schwerhörig oder gutwillig.

In Deutsch brach ich nach einiger Zeit meine Arbeit über die politische Gemeinde, die die Elementarschule der Demokratie sei, ab und wandte mich einem anderen Thema zu: „'Prädikat besonders wertvoll.' Welche Forderungen stellen Sie an einen Film, der mit dieser Auszeichnung (der Öffentlichkeit) empfohlen wird?" Ich schrieb in meiner Argumentation u. a. sehr kritisch über den Hollywood-Film „Ben Hur", den ich erst Jahre später sehen sollte, allerdings auch ganz lyrisch über den russischen Film „Wenn die Kraniche ziehen", den ich tatsächlich kurz zuvor gesehen hatte. Die Korrektoren waren offensichtlich ergriffen!

In Englisch musste ich einen Text nacherzählen, von dem ich so viel wie nichts verstand; ich weiß heute nicht mehr als damals: Es ging um einen Maler. Das Diktat schrieben wir im Klassenzimmer, die Übersetzung in der Turnhalle; beide Räume erwiesen sich für die gestellten Arbeiten als schülerfreundlich, d.h. Informationsaustausch war nicht gänzlich unmöglich!

In Religion kam mir wieder meine Fähigkeit zu formulieren zugute und ich ließ mich seitenweise über das gewählte Thema aus.

In Mathematik stellte ich mir selbst eine Falle. Für einen langen Ausdruck setzte ich den Buchstaben „a" ein und wunderte mich später, was dieses „a" solle. Die Aufgabe war deshalb nicht mehr zu lösen. Zusammen mit einer weiteren Dummheit hatte ich mir die seit Jahren erarbeitete „Sehr gut" verdorben.

Und dann war die Schulzeit vorüber. Am 20. Juli 1965 – 21 Jahre nach einem historischen Ereignis, auf das wir Deutschen stolz sein können – saßen wir im Festsaal, jetzt in Anzug und Krawatte, lauschten der unvermeidlichen Musik bei derartigen Anlässen, den Worten unseres Direktors, der merkwürdigerweise auf vorbeifahrende und den Schulbetrieb störende amerikanische Panzer zu sprechen kam und darum bat, im Ministerium darauf einzuwirken, dies zu ändern, erfreuten uns an der witzigen Abiturrede unseres Klassensprechers Fridolin, erhielten das Zeugnis, wobei der Klassenlehrer Koch mir flüsternd empfahl, Latein zu studieren, und gingen dann gemeinsam mit ihm ins „Parkhotel" zum Essen.

Vorüber war auch die tägliche Fahrt mit dem Zug. Vorüber das frühe Aufstehen um 4.30 Uhr, das späte Heimkommen um 15.30 Uhr.

Im Rückblick wundere ich mich, was man von den Kindern alles verlangte und was als selbstverständlich empfunden wurde. Wir jammerten nicht, sondern machten das Beste daraus. Die eineinhalbstündige Fahrt von Thalmässing nach Schwabach mit Umstieg in Roth bot verschiedene Möglichkeiten: Fortsetzung des Schlafes, schulische Vor-bereitungen und Stoffwiederholung, interessante Lektüre, Kartenspiel. Obwohl der Unterricht bereits um 7.40 Uhr begann, reichte die Zeit, bei Bedarf Hausaufgaben zu vervollständigen oder gar gänzlich abzuschreiben. Nach dem Schulschluss gegen 13 Uhr wurde die Zeit vertrödelt oder wir saßen in dem unwirtlichen Aufenthaltsraum im Rother Bahnhof. Fiel die letzte Unterrichtsstunde aus, blieb noch genügend Zeit für einen Besuch im urigen Wirtshaus „Zum Schiff". Die Heimfahrt war in der Regel turbulenter als am frühen Morgen. Lautes Geschrei oder eine gelegentliche Rauferei konnte den wenigen Erwachsenen, die mit dem Nachmittags-Zug fuhren, die Lust am Reisen verderben. Einmal fiel ein Junge aus Thalmässing aus der „Gredl", er holte sich jedoch nur kleinere Blessuren. Wenn die Eltern gesehen hätten, wie die Kinder im Pulk auf dem Bahnsteig standen, bei der Einfahrt des Zuges drängelten und schubsten, vor allem an letzten Schultagen, als alle Fahrschüler der verschiedenen Schulen zum gleichen Zeitpunkt nach Hause wollten, sie hätten keine ruhige Minute gehabt. Von Wirtshausbesuchen, geschwänzten Stunden, dem übermäßigen Rauchen wussten sie nichts. Es war auch gut so!

Allerdings mussten wir als Unter- bzw. Mittelstufler noch Rücksicht auf die Amtsautorität nehmen. Wenn wir auf der offenen Plattform des Eisenbahnwaggons standen und rauchten und der Schrei „Der Schaffner!" ertönte, drückten wir rasch die Zigaretten aus und warfen sie auf den Bahnkörper. Heute würde das kein Schüler mehr machen und kein Schaffner würde sich einmischen.

Als wir in die Oberstufe gingen, waren diese Ängstlichkeiten natürlich vorüber, gaben wir uns mit den Kindereien der Kleinen nicht mehr ab, ja forderten Ruhe ein und genossen einige Privilegien. Da ich zwar „66" und andere Kartenspiele gelernt hatte, aber merkwürdigerweise nie Schafkopf, war ich für meine Kollegen uninteressant. Ich las stattdessen sehr viel.

Beim Durchstöbern meiner Zeitungssammlung fand ich einen Artikel des „Hilpoltsteiner Kuriers" vom 7.10.1961, der sich mit uns Fahrschülern beschäftigte. Schon die Überschriften müssen für uns damals Labsal gewesen sein: „Unsere Fahrschüler führen ein Hundeleben. Junge Menschen im Schatten des Wirtschaftswunders. Für sie gibt es kein Jugendschutzgesetz, keine

45-Stunden-Woche und kein freies Wochenende." Der Artikel wird mit dem individuellen Schicksal eines Fahrschülers Peter eingeleitet. U. a. heißt es dort:

„Es ist ein trauriges, erbarmungswürdiges Schicksal, das den kleinen Peter betroffen hat. ‚Unsere Jugend soll glücklich sein!' heißt eine Parole unserer Zeit, aber Peter hat keine Zeit zum Glücklichsein. Für ihn gibt es nur Arbeit, Arbeit und nochmals Arbeit. Dazwischen liegen viele Stunden der Bahnfahrt. Denn Peter ist kein gewöhnlicher Schüler, er ist Fahrschüler aus dem Landkreis Hilpoltstein. Daß seine Eltern ausgerechnet an der Gredl-Bahn ihren Wohnsitz gewählt haben, ist sein Pech. Dafür muß er nun neun Jahre seines jungen Lebens büßen."

Natürlich ist der Ton ein wenig larmoyant und der Inhalt etwas übertrieben. Aber es war richtig, dass dieses Problem einmal öffentlich angesprochen wurde. Selbstverständlich hatten wir wenig Freizeit und insofern prägte die Arbeit den Tag. Wenn ich gegen 15.30 Uhr nach Hause kam, aß ich zu Mittag, las die Zeitung, schlief eine Stunde und machte anschließend meine Hausaufgaben. Da blieb keine Zeit mehr für andere Aktivitäten. Und die vertrödelten Stunden in der Bahn, im Wartesaal, ja selbst im „Schiff" waren keine ernstzunehmende Alternative.

Interessant in diesem Artikel ist noch ein Satz, eine Zwischenüberschrift: „Wer lange fährt, fällt leichter durch". Bestätigt wird dieser plakative Satz durch die Aussage des Direktors der Schwabacher Oberrealschule, dass die Durchfallquote der Fahrschüler um 4 % höher sei als die der ortsansässigen Schüler.

Die im Text geforderte Errichtung einer gymnasialen Dependance in Roth oder Hilpoltstein wurde zwar nicht realisiert, aber die Feststellung Georg Pichts, Deutschland habe zu wenig Abiturienten, hat in den folgenden Jahren eigenständige Gymnasien sowohl in Hilpoltstein als auch in Roth entstehen lassen, und die Anzahl der Fahrschüler wurde dadurch erheblich verringert und die Wege wurden verkürzt. Ob sich dadurch auch die Durchfallquote veränderte?

Die Vergangenheit lässt uns nicht los

„Umbettung" klärte Schicksal
Bei der Umbettung der Gefallenen auf dem Friedhof von Dörrmorsbach bei Aschaffenburg wurde bei den Gebeinen eines Toten noch die Erkennungsmarke gefunden. Die Entschlüsselung der Marke ergab, dass es sich bei diesem Toten um den ehemaligen Soldaten Karl Kraus, geboren am 24.8.1944, handelt. Er war bisher vermisst. Seine Ehefrau Mina Kraus, die in Thalmässing wohnt, erhielt nun endlich Gewissheit über das Schicksal ihres Mannes. Auf der Kriegsgräberstätte Gemünden/Main hat der Gefallene seine letzte Ruhestätte gefunden." (Zeitungsnotiz)

Ein Bekannter, der ein Auto besaß, fuhr uns im Herbst 1957 nach Gemünden. Außerhalb des Ortes war an einem Südhang ein Waldfriedhof angelegt worden. Jeder Tote hat auf seinem Grab den gleichen kleinen Stein mit dem Namen und dem Geburts- und Sterbedatum liegen. Eine bestimmte Anzahl von Gräbern ist zu einem Feld zusammengefasst, auf dem Heidekraut angepflanzt ist. Darüber erheben sich die Stämme der Nadelbäume, deren Kronen leicht im Wind rauschen. Der Blick fällt über Blumenwiesen ins Maintal und auf die Stadt Gemünden mit ihrer Burg auf einer Anhöhe. Die Ruhe wird gelegentlich vom Rauschen eines Zuges unterbrochen, denn Gemünden ist ein wichtiger Eisenbahnknotenpunkt. Ansonsten hört man nur Vögel oder kleine Insekten. Bei schönem Wetter könnte man stundenlang hier sitzen, die Stille und die Aussicht genießen, lesen, träumen.

Geht man durch die Gräberreihen und liest die Grabsteine, fallen einmal die vielen jungen Toten auf und zum andern die Sterbedaten, die meist aus der zweiten Hälfte des Jahres 1944 und den ersten fünf Monaten des Jahres 1945 stammen. Gemünden wurde wie viele andere deutsche Städte, etwa Würzburg, erst am Ende des Krieges zerstört. Mir fällt das gescheiterte Attentat vom 20. Juli 1944 ein. In den verbliebenen zehn Monaten bis zur Kapitulation sind mehr Menschen umgekommen als in all den Kriegsjahren zuvor. Wie viel Leid wäre der Menschheit erspart geblieben, hätte das Attentat Erfolg gehabt! Andererseits hätte wieder eine Dolchstoßlegende aufkommen können, die den Attentätern die Schuld an einem verlorenen Krieg zugewiesen hätte.

Bei den Nachforschungen meiner Mutter nach Ende des Krieges erhielt sie den Brief eines ehemaligen Kochs der Gneisenau- bzw. Bleidorn-Kaserne Ansbach, in der auch mein Vater nach seiner Wiedergenesung stationiert war. Er schrieb, dass er zusammen mit 1700 Soldaten Ende März 1945 nach Aschaffenburg zum Einsatz gekommen sei. „Wir hatten nach acht bis zehn Tagen einen Verlust von 1200 Mann." Welch ein Wahnsinn!

Dieser Kriegskamerad teilte auch mit, dass er sich an den Vater erinnern könne, fährt aber in seinem Bericht fort: „Nach den großen Verlusten wurde der Rest zu verschiedenen Batterien aufgeteilt und ich habe Ihren Mann auch nicht mehr gesehen.“ Die Wahrscheinlichkeit, dass der Vater zu den Opfern hier am Main gehört hatte, war groß, aber eben nicht sicher. Wie wir jetzt wissen, sind in den Wirren der letzten Kriegstage fünf gefallene Soldaten auf dem Friedhof von Dörrmorsbach, einem kleinen Ort in der Nähe von Aschaffenburg, bestattet worden, ohne ihnen die Erkennungsmarke abzunehmen.

Vielleicht ist ja vor seinem Tod der Wunsch meines Vaters noch erfüllt worden, den er in einem Brief am 29. Oktober 1944 geäußert hatte: „Wenn ich bloß mal nach Hause käme, um meinen Jungen mal zu sehn, dann hätt man schon wieder mehr Freude am Leben ...“

Auf einer Reise an den Bodensee habe ich auf der Insel Reichenau, Mittelzell, ein Kriegerdenkmal gesehen, auf dem eingemeißelt stand: „Für die Heimat gekämpft, als Helden gefallen!“ Der erste Teil mag ja zum Zeitpunkt seines Todes auch für meinen Vater gegolten haben: allerdings hatte er in den Jahren zuvor in der damaligen Sowjetunion gekämpft und fast sein Leben eingebüßt. War das auch seine Heimat? Und ist er jetzt als Held gestorben? Oder war er nicht nur ein Verzweifelter, Leidender, Sterbender?

Noch viel verlogener fand ich an der Fassade der Basilika Weingarten den biblischen Satz: „Sei getreu bis in den Tod, dann will ich dir die Krone des Lebens geben!“, der Gefallenen gewidmet war. Hier wird die Treue zu einem verbrecherischen Regime mit ewigem Leben belohnt!

Im Rückblick erinnere ich mich an meine erste Erwähnung Hitlers. Als Düsenjäger über unser Dorf donnerten, sagte ich zu Frieda, einer Spielkameradin, daran sei der Hitler schuld. Ich war etwa zehn Jahre alt. Sehr qualifiziert war die Aussage wohl nicht.

Als ich fünf Jahre älter war, bestellte ich mir ein historisches Magazin, das sich ausführlich mit dem Dritten Reich befasste. Ich war erschüttert, was ich über den Mord an Juden las. Seitdem hat mich dieses Kapitel deutscher Geschichte, das in mir Trauer und Empörung hervorrief, nie mehr losgelassen.

Entgegen landläufiger Meinung hörte ich viel über dieses Dritte Reich im Unterricht. Keineswegs wurde die deutsche Geschichte mit Bismarck beendet; dies mag unmittelbar nach dem Krieg so gewesen sein, später mit Sicherheit nicht. Noch in den 90er Jahren aber wurde ich gefragt, ob denn der Nationalsozialismus besprochen werde. In Bayern jedenfalls werden junge Menschen mit diesem Kapitel konfrontiert. Wichtig ist dabei, dass die Akzente richtig gesetzt werden. Es darf keineswegs der Eindruck entstehen, diese neuen Generationen trügen Schuld an dem, was ihre Groß- und Urgroßeltern verbrochen haben. Aber die Jugendlichen müssen lernen, dass wir uns nicht aus der historischen Verantwortung stehlen können. Da ich in Nürnberg unterrichtete, versuchte ich dies oft mit folgendem Beispiel zu verdeutlichen: Wir Nürnberger freuen uns über die herrliche Lorenzkirche, sind stolz auf sie, obwohl wir selbst keinen Anteil an ihrer Entstehung haben; andererseits können wir das hässliche Reichsparteitagsgelände, an dem wir auch nicht mitgewirkt haben, nicht ignorieren, sondern müssen es ebenso zur Kenntnis nehmen. Man kann sich nicht aus der Geschichte, das gilt für die private wie für die allgemeine, das aussuchen, was einem gefällt. Aus der Psychologie wissen wir, dass Unterdrücktes zu Frustrationen führt und irgendwann an die Oberfläche will. Ähnliches erlebten wir in den 60er Jahren, als die Kinder schließlich aufbegehrten und ihre schweigsamen Eltern nachdrücklich fragten, wie sie sich denn im Dritten Reich verhalten hätten, und sie zur Verantwortung zogen.

Das Ziel der Beschäftigung mit dem NS muss sein: Ähnliches darf sich nicht wiederholen, deshalb ist nach den Gründen für diese Barbarei in einer an sich zivilisierten Gesellschaft zu fragen, damit Folgerungen gezogen werden können.

Aus diesem Grund verlangt die Auseinandersetzung mit diesem Kapitel im Klassenzimmer zwar sachliche Analyse, aber die Jugendlichen müssen auch spüren, dass die Lehrkraft betroffen ist, wenn über die Opfer gesprochen wird. Und die jungen Menschen müssen Gelegenheit haben, emotionale Erfahrungen machen zu können. Dazu tragen z. B. die Besuche eines Konzentrationslagers bei. An meiner Schule fahren die 9. Klassen, die sich im Fach Geschichte mit diesem Zeitabschnitt beschäftigen, nach Dachau. Das Durchschreiten des Lagertores mit den zynischen Worten „Arbeit macht frei" bewirkt mehr Beklemmung als langes Reden im Klassenzimmer.

Als ich im Frühjahr 2004 mit einem Deutsch-Leistungskurs ein verlängertes Wochenende in Weimar verbrachte, wollte die Mehrheit von sich aus das KZ-Buchenwald besuchen. Während des Rundgangs sahen wir uns in einem Gebäude eine Reihe von ausgestellten originalen KZ-Zeichnungen an. Eines der Mädchen brach in Tränen aus.

Ich halte diese unmittelbaren Erfahrungen für sehr wichtig für junge Menschen.

Allerdings muss uns auch bewusst sein, dass noch vieles an NS-Bodensatz vorhanden ist bzw. neuer entsteht. Schlimm war in den 70er und 80er Jahren die Resonanz auf die neue Ostpolitik unter Brandt und Scheel und in der Zeit des Majdanek-Prozesses. Ich habe damals wie auch später von meinem Recht der freien Meinungsäußerung Gebrauch gemacht und gelegentlich einen Leserbrief geschrieben. Erschreckend war die Reaktion in Form der fast immer anonym zugesandten Post.

Im April 1979 erschien folgender Brief von mir in den „Nürnberger Nachrichten“:

„Die Sünden der Väter suchen uns heim bis ins zweite und dritte Glied. Wir müssen uns heute noch mit den alten Verbrechen befassen, aber auch schämen über die Art eines Majdanek-Proszesses und nicht zuletzt über die Urteile. Oft hat man nicht gewußt, ob über die Angeklagten oder über die Zeugen geurteilt werden sollte, markige Reden der Verteidiger haben unschuldige Menschen verunglimpft und ihre Würde verletzt.

Wenn die Urteile nicht anders gefällt werden konnten, weil rechtsstaatliche Grundsätze es nicht anders zuließen, dann fragt sich der Bejaher dieser rechtsstaatlichen Ordnung, ob es nicht auch Grenzen für würdelose Verteidiger, nicht auch Schutz für Zeugen gibt. Ich frage aber auch den Staat, ob tatsächlich immer und ausschließlich rechtsstaatliche Prinzipien angewandt werden, gleichgültig, ob der Angeschuldigte des vielfachen Mordes an Juden angeklagt ist oder der Mitgliedschaft einer kommunistischen Gruppierung bezichtigt wird. Wenn die Antwort ein eindeutiges Ja ist, dann bin ich glücklich, in einem solchen Staat leben zu dürfen. Ich habe allerdings meine Zweifel.“

Die Reaktion waren zugesandte Artikel aus dem einstigen Hetzblatt „Der Stürmer“, die Versicherung, dass für Leute meines Schlages das Gas Cyklon B schon bereit stehe, und der Rat: „Wir möchten Ihnen und Ihrem ganzen Anhang dringend raten, sind Sie mit Ihrer Meinung recht vorsichtig, sonst kommen Sie dann doch noch auf eine dieser schwarzen Listen …“

Dass es sich nicht nur um dummes Geschwätz und leere Drohungen handelte, zeigte ein Schreiben der Polizei: „Aus sichergestellten Unterlagen geht hervor, dass auch Sie persönlich bedroht bzw. beleidigt worden sein könnten.“ Demnach gab es bei Rechtsradikalen schon Listen mit den Namen unliebsamer Zeitgenossen.

Im Januar 1981 wandte ich mich in einem Leserbrief gegen den Rechtsradikalismus:

„Wann endlich fühlen sich Staat und Gesellschaft verpflichtet, auf das energischste gegen Rechtsradikalismus, Neonazis und Antisemiten vorzugehen! So wichtig dementsprechende Gesetzgebung und vor allem ihre Anwendung sind, so notwendig ist eine eindeutige und abwehrende Haltung der gesamten Gesellschaft gegen all das, dem der Ruch des Ewiggestrigen anhaftet.

Es ist unser moralische Pflicht, der Menschenverachtung des Neonazitums unser entschiedenes und aktives Nein entgegenzusetzen. Oder halten wir es für normal, wenn irregleitete Jugendliche Sprengkörper in Massenveranstaltungen zünden lassen, wenn Vorsitzende der Jüdischen Kultusgemeinde mit Morddrohungen eingeschüchtert werden sollen? Ist es harmlos, wenn einem Leserbriefschreiber, der den Verlauf des Majdanek-Prozesses missbilligt, versichert wird, Cyklon B stehe für ihn schon bereit? Ist es nicht erschreckend, daß erst ein Spielfilm „Holocaust" uns nach dreißig Jahren aus unserer Lethargie herausreißt?

Als Lehrer fordere ich alle Kollegen auf: Bekennt Euch klar und eindeutig zu den demokratischen Prinzipien, zeigt den jungen Menschen, wohin Verblendung führen kann, redet nicht abstrakt über die Köpfe hinweg, sondern sprecht konkret über das Naheliegende! Zeigt das Verbrecherische auf, das bereits in kleinen antisemitischen und rassistischen Bemerkungen und Witzeleien steckt! Entlarvt den bodenlosen Unsinn von Bemerkungen wie: Ordnung habe es wenigstens unter Hitler gegeben. Wir haben unseren Eltern den Vorwurf gemacht, sie hätten versagt, sollen dies auch unsere Kinder von uns sagen müssen?"

Auch dieser Leserbrief zeigte Wirkung.

U. a. erhielt ich – auf fast konspirativer Weise – einen Brief mit fingierter Absender-Adresse aus Bremen, in ein Kuvert des Berliner Hotels Kempinski gesteckt und in Aschaffenburg abgestempelt, der mit dieser Feststellung begann: „Es ist die Unwissenheit – wenn man nicht Bösartigkeit und Verleumdung annehmen will – die einem aus solchen Leserbriefen wie dem Ihrigen begegnet. Professor Lorenz sagte schon vor Jahren, ‚wir müssen gegen die Dummheit, die unermessliche Dummheit kämpfen.'"

Ein Mann, angeblich aus Fürth, wird noch etwas deutlicher: „Sie sind ja ein feiner Lehrer, ein Bluthund sind Sie in des Worten wahrsten Sinnes, außerdem sind Sie ein ganz abgefeimter politischer Verbrecher, der deutsche Staat muss sich zutiefst schämen, Sie als Scheusal und Jugendverderber den Schülern Unterricht halten zu dürfen. Unverschämt und skrupellos ist Ihre chaotische politische Gesinnung -, ein Jammer ist es, daß es noch solche widerliche Kreaturen, wie Sie eine sind, in unserem Vaterland als Beamte gibt! Sie haben sich als Deutschenfresser demaskiert. Gnade Gott, Ihnen, wenn die kommende Abrechnung kommt!"

Da amüsiert es einen eher, wenn man eine Postkarte erhält, die an den Nestscheißer Kraus (wahrscheinlich hat der Absender Nestbeschmutzer gemeint) adressiert ist, schnörkellos die Anrede „Sie Arschloch" wählt und sich nicht weniger derb verabschiedet „Sie Arschloch! Sie Parasit!"

Dass es diesen brauen Sumpf gab, hatte ich immer gewusst, aber jetzt hielt ich den Beweis dafür in der Hand. Und ich will nicht verschweigen, dass ich gelegentlich ein mulmiges Gefühl hatte, wenn ich abends am beleuchteten Schreibtisch saß, von außen einsehbar; aber ich weigerte mich, eingeschüchtert das Rollo herunter zu lassen. Interessant war auch, dass die meiste Post, wenn man den Stempeln glauben darf, aus dem westlichen Mittelfranken kam. Hier, in diesem protestantischen Gebiet, schien der NS-Geist noch besonders zu wirken; die guten NPD-Wahlergebnisse bestätigten dies.

Heute versenden die Rechtsradikalen ihre Post nicht mehr anonym, sie sind viel frecher und wohl auch bedrohlicher geworden. Und das Internet ermöglicht ihnen ganz neue Möglichkeiten. Unser Rechtsstaat pflegt die Rechtsstaatlichkeit nach wie vor und gewährt ihnen freie Meinungsäußerung – aber sollte es nicht doch bestimmte Grenzen geben? Meine Frau und ich hielten es für unsere demokratische Pflicht und waren wiederholt bei Demonstrationen gegen rechts. Aber es kommt einem fast unwürdig vor, wenn man sich mit „Nazis raus!“ schier die Lunge aus dem Halse schreit oder durch Pfeifen, um NS-Phrasen zu übertönen, fast schwerhörig wird, denn letztlich sind Geräusche keine Argumente. Aber diskutieren und Argumente austauschen kann man mit diesen Leuten nicht.

Die Existenz einer breiteren rechtsradikalen Schicht zeigt aber auch, dass sich viele Überlebende nach dem Krieg nicht mit der Vergangenheit auseinandergesetzt haben. So nachvollziehbar die Konzentration auf die Existenzsicherung und den Wiederaufbau ist, so günstig Hunger und Elend waren, um nicht an der Scham vergehen zu müssen an dem, was man getan oder wenigstens zugelassen hatte, so verheerend waren das Schweigen bzw. nur die Klage über den eigenen Verlust an Menschen und Sachen. Der eigenen Toten hat man rasch gedacht, ihnen Male errichtet, Nachrufe gewidmet, aber der Opfer hat man sich spät, sehr spät erinnert – wenn überhaupt.

Wer sich mit dem Nationalsozialismus beschäftigt, wird sich früher oder später auch mit dem Judentum befassen. So war es auch bei mir. Meine Mutter, die aus Bechhofen in der Nähe von Ansbach stammte, kannte jüdische Familien und hatte wohl auch jüdische Freundinnen und erzählte uns Kindern gelegentlich davon. Sie sprach stets mit Hochachtung von ihnen. Natürlich weiß ich nicht, ob sich in dieser Wertschätzung unbewusst Schuldgefühle widerspiegelten. Aber diese Berichte trugen dazu bei, mein Interesse an Jüdischem zu wecken.

In der Schule hörten wir über das Judentum kaum etwas. Nur im Zusammenhang mit seiner Vernichtung wurde darüber gesprochen. Ansonsten waren Juden tabu, nicht vorhanden, historisch. Ein einziges Mal hatte ich als Kind eine merkwürdige Begegnung mit einem Juden. Ich stand in der Metzgerei am Marktplatz und wartete, an die Reihe zu kommen. Da fuhr ein großer

Wagen vor, ein Mann stieg aus, betrat den Laden, sah die Anzahl Kunden, sagte mit lauter Stimme, er sei Jude und wünsche dies und das. Es wurde ganz still, die Metzgerin erfüllte sofort den Wunsch, der Mann zahlte und ging. Obwohl sich alle wunderten, sagte niemand etwas über dieses sonderbare und ja auch unhöfliche Verhalten und der normale Verkauf ging weiter. Ich weiß nicht, ob er wirklich ein Jude war. Wenn ja, dann hat er seiner Religionsgemeinschaft sicher keinen Dienst erwiesen, wenn nein, dann war es ein guter Trick um nicht warten zu müssen, denn seine Rechnung ging auf: Gegen einen Juden sagte man in den 50er Jahren in der Öffentlichkeit nichts, auch wenn es nur um unhöfliches Benehmen ging. Ich habe diesen Vorfall nie vergessen.

Der Sechs-Tage-Krieg Israels bewirkte eine Welle deutscher Zustimmung. Wahrscheinlich wollte man den einstigen Antisemitismus durch Philosemitismus vergessen machen oder es war auch Protest der Jungen gegen die Alten.

Ich war zweimal, 1968 und 1971, in Israel, habe jeweils zwei Wochen mit anderen jungen Menschen in einem Kibbuz gearbeitet – Orangen geerntet, Saatkartoffeln geschnitten, Hühnerstallungen gesäubert – und viel mit Israelis gesprochen und diskutiert. Als junge Deutsche hatten wir keine Probleme, niemand hielt uns die Vergangenheit vor, ja in Tel Aviv sprachen uns ältere Einwohner freundlich an, als sie unsere Sprache vernahmen.

Der Aufenthalt zeigte mir einen neuen Kulturkreis, die Schwierigkeiten zwischen den Palästinensern und den Israelis, den Verlierern und den Siegern, die Probleme zwischen den europäisch geprägten und den orientalischen Juden. Und natürlich nahmen jetzt Orte, die man nur namentlich aus der Bibel kannte, Gestalt an: Bethlehem, Nazareth, Jerusalem, Berg Golgatha, See Genezareth.

Diese Aufenthalte bewirkten intensive Lektüre über Israel und seine Politik und allgemein über das Judentum und schufen das Fundament für eine lebenslange Auseinandersetzung.

1978 trat ich zusammen mit meiner Frau in die „Gesellschaft für christlich-jüdische Zusammenarbeit" ein, nicht zuletzt aus aktuellen Gründen, d. h. wegen des zunehmenden Rechtsradikalismus. Diese nach 1945 gegründeten Gesellschaften in vielen Städten der Bundesrepublik wollen ein Diskussionsforum sein und Raum geben, sich gegenseitig kennen zu lernen. Vielleicht war ja eine der Wurzeln der Schoa die Unkenntnis. Ich erinnere mich, dass meine Mutter gerne den Satz sagte: „Hier geht es zu wie in einer Judenschul!", wenn die Kinder im Schulhaus Lärm machten. Natürlich war der Satz missbilligend gemeint, beweist aber auch, dass sie wie die meisten den eigentlichen Grund dieser „Unruhe in einer Synagoge" nicht kannte. Die Gesellschaften wollen eine Brücke bauen zwischen den Christen und den Juden, es geht nicht um eine Brücke zwischen Deutschen und Israelis, sondern um den religiösen Aspekt. Wer die religiösen Riten und die kultischen Geräte der anderen Konfession kennt, hat ein anderes

Verhältnis dazu als der Unwissende. Dies ist auch der Grund, dass heute in den Schulen, besonders im Religionsunterricht beider christlicher Konfessionen, das Judentum eine große Rolle spielt. Bei uns an der Maria-Ward-Schule, immerhin einer katholischen Schule, war es selbstverständlich, dass Kontakte zur Israelitischen Kultusgemeinde bestanden, die Synagoge besucht wurde, jüdische Kultgeräte im Klassenzimmer gezeigt und erklärt wurden. Auch ich leistete meinen Beitrag dazu: etwa eine Ausstellung über das Pogrom am 9. November 1938 oder ein Abendprogramm im Rahmen des „Literarischen Cafés“ mit dem Titel „Der Rebbe tanzt – nicht mehr“. Traurig war, dass es Leute gab, die sonst gerne diese literarischen Abende besuchten, wegen des jüdischen Themas der Veranstaltung aber diesmal fernblieben.

Da ich von 1984 bis 2006 im Vorstand dieser Gesellschaft mitarbeitete, hatte ich auch gute Kontakte zu den jüdischen Vorsitzenden. Ohne zu zögern erfüllten Herr Hallo und Herr Höxter meine Bitte und kamen zu einem Gedankenaustausch mit allen Geschichtslehrkräften und interessierten Kollegen in meiner Schule. Herr Höxter, der als Jugendlicher noch Auschwitz kennen lernen musste, stellte sich auch zusammen mit seiner Frau als Zeitzeugen für den Geschichtsunterricht zur Verfügung. Frau Höxter, „halbjüdisch“ wie ihr Mann, war einst Schülerin bei den Englischen Fräulein, bis deren Institut 1938 geschlossen werden musste. Sie sprach übrigens nur gut von dieser einstigen Klosterschule.

Ich hoffe, dass das Interesse an der jüdischen Religion anhält und dass an allen Schulen die Beschäftigung mit diesem Thema ernst genommen und als ein Beitrag zum friedlichen Zusammenleben von Menschen unterschiedlicher Auffassungen verstanden wird. Ich hoffe, dass das Zusammenleben von Christen und Juden so selbstverständlich und unproblematisch wird wie das von Katholiken und Evangelischen. Ich hoffe, dass trotz der entsetzlichen Vergangenheit eine gemeinsame Zukunft möglich sein wird.

Oft habe ich mich gefragt: Was wäre gewesen, wenn ich das Jahr 1933 als Jugendlicher erlebt hätte? Wäre ich ein begeisterter Nazi geworden? Wäre ich der „Bewegung“ kritisch gegenüber gestanden? Hätte ich Juden gehasst, ans Messer geliefert? Als junger Mensch machte ich meiner Mutter Vorwürfe. Später als Erwachsener – meiner nicht sicher – war ich vorsichtiger. Als der ehemalige Kanzler Kohl von der „Gnade der späten Geburt“ sprach, wurde er belächelt oder gar angegriffen. Es hieß. er würde sich um eine Entscheidung drücken wollen. Wenn es immer so einfach wäre! Erziehung, Zeitgeist, Bildungsgrad, Menschen der nächsten Umgebung haben prägende Kraft und es finden viele Weichenstellungen statt, ehe dann die eine, bestimmte vorgenommen werden soll. Ich sprach oft mit meinen Schülerinnen im Geschichts- oder

Sozialkundeunterricht über dieses Thema, machte ihnen klar, dass auch ich dazu beitrage, sie in eine bestimmte Richtung zu lenken. Der Unterschied sei freilich der, dass bereits die Thematisierung zu einem kritischen Bewusstsein beitrage.

Ach, Bücher!

Ich gehöre nicht zu denen, die bereits als Kinder Schiller und Goethe lasen. Ich bin zwar ein wenig beeindruckt, wenn ich davon höre, aber keineswegs neidisch. Meine Lektüre war ganz normale Kinder- und Jugendliteratur.

Natürlich können die ersten Bücher meiner Kinderzeit rein äußerlich den heutigen Kinderbüchern, deren Ausstattung, Druck und Cover z. T. wirklich hervorragend sind, in keiner Weise standhalten. Meine Bücher waren etwas altmodisch, vorkriegsmäßig, gebraucht, gelegentlich zerlesen. Und dennoch waren sie liebenswert. Noch heute habe ich eine Strophe der Hasenschule im Gedächtnis: „Köstlich, lobt das Hasenjunge, Grünsalat die Hasenzunge." Meiner Erinnerung nach bekam ich zum siebten oder achten Geburtstag als erstes neues Buch den „Kleinen Zornnickel" geschenkt, der wohl eine Beziehung zur Realität herstellen sollte. Begierig verschlang ich als Dritt- und Viertklässler Bücher des Schneider-Verlags: z. B. die Reihe „Gisel und Ursel" von Margarete Haller, die vier Bände „Frühling im Försterhaus", „Sommer im Försterhaus" etc. von Erich Kloss, die den Wunsch aufkommen ließen, einmal Förster zu werden. Beeindruckt, ja bewegt hat mich ein Klassiker der einstigen Jugendliteratur, Frederick Marryats „Sigismund Rüstig", den ich noch einmal lesen möchte. Viele Bücher stammten aus den jeweiligen Klassenbüchereien, die gut sortiert waren. In der siebten Klasse empfahlen mein Mitschüler Loni und ich uns gegenseitig die gelesenen Bücher, z.B. Grimmelshausens „Simplizissimus", sicher für die Jugend bearbeitet, oder diese herrlich spannenden Bände „Großer Tiger und Kompassberg" und „Null Uhr Fünf in Urumtschi" von Fritz Mühlenweg. Dieser Austausch setzte sich in der Mittelschule fort, in der es eine eigene Schülerbibliothek gab. An zwei Bücher aus dieser Zeit erinnere ich mich noch: Heinz Helfgens zwei Bände „Ich radle um die Welt" und Theodor Kröger, „Das vergessene Dorf".

Außerdem liehen Loni und ich uns Bücher aus den Beständen der „oberen Pfarrei", also St. Michael, aus, wobei Dekan Graf zarte pädagogische Empfehlungen aussprach. Auch kam einmal im Monat der Bücherbus des „Amerikahauses" aus Nürnberg nach Thalmässing, der für Lesestoff sorgte. Gleichzeitig wuchs konstant der eigene Bücherbestand. Es war eine Selbstverständlichkeit zum Geburtstag oder zu Weihnachten Bücher geschenkt zu bekommen, wobei die schönsten und interessantesten Bücher von Tante Lisl aus Nürnberg kamen, etwa die drei umfänglichen Bände über die „Abenteuer der frühen Entdeckungen", deren erster Band den eindrucksvollen Titel trägt „Sieben verweht und Acht vorbei" Später sollte ich Tantes Buchhändler, der sie einst so gut beraten hatte, kennen lernen: Herrn Horn von der Löhe-Buchhandlung am Hans-Sachs-Platz in Nürnberg. Er war noch ein Buchhändler, der selbst las und ein enormes Wissen besaß. Ich unterhielt mich gerne mit ihm.

Ich muss gestehen, dass meine Leseneugier nicht Halt machte vor Schund. Es gelang mir, an einige Groschenhefte heranzukommen, die natürlich prompt meine Mutter entdeckte und verbrennen wollte. Nur mein flehendlicher Hinweis, dass es nicht unser Eigentum sei, verhinderte eine peinliche Situation dem freundlichen Leihgeber gegenüber. Gelegentlich gelang es mir aber trotzdem einen „Jerry Cotton" zu verschlingen. Als Deutschlehrer machte ich es mir später zur Gewohnheit in den oberen Klassen einen Groschenroman, ob Arzt-, Fürsten-, Liebes-, Heimat- oder Kriminalroman, zu lesen. Ich war der Auffassung, man könne nicht über triviale Literatur reden ohne sie wirklich zu kennen. Im Gegensatz zu früher war es für mich immer eine Tortur, so etwas lesen zu müssen. Mir wurde regelrecht körperlich übel von diesem Geschwätz.

Auch Karl May war bei meiner Mutter ungern gesehen, obwohl sie sicher nie einen gelesen hatte. Ich nehme an, dass sie von den Kämpfen zwischen Indianern und Old Shatterhand wusste und wegen Vaters Schicksal derartiges ablehnte. Nur die Unterstützung unseres benachbarten Schusters, der nicht nur angeblich alle May-Bände gelesen hatte, sondern auch eifrig das Lexikon von A bis Z durchlas, verhalf mir zu diesen Lesefreuden. Heute würde sich meine Freude in engen Grenzen halten.

Wichtig für meine Lektüre wurde später meine Schwester, die sich immer wieder einen Band der ersten deutschen Taschenbuch-Reihe, der rororo-Reihe, kaufte. So lernte ich Wolfgang Borchert oder Pearl S. Buck, Ernest Hemingway und manchen anderen amerikanischen Autor kennen.

Ein kleines Aha-Erlebnis hatte ich, als ich vermutlich in die zehnte Klasse ging. Volker, der die Oberrealschule in Schwabach besuchte, vielleicht hieß sie damals schon Adam-Kraft-Gymnasium, las eines Tages im Zug seine Deutsch-Lektüre. Ich ließ sie mir zeigen, konnte mit dem Titel „Iphigenie" nichts anfangen, las aber ein wenig im Text und war tief beeindruckt. Ich bat ihn, mir dieses Büchlein – es war keine Reclam-Ausgabe! – auszuleihen, wenn er es nicht mehr bräuchte. Als ich später das gesamte Drama las, war ich von diesem Goethe, den ich bisher nur vom Namen her kannte, begeistert. Ich fand die Sprache genial. Ich finde sie heute noch genial. Mehrmals habe ich dieses Werk später in Unterricht behandelt, seine Faszination ist nicht geringer geworden.

So hat sich langsam ein literarisches Fundament gebildet, auf dem allmählich aufgebaut werden konnte. Bis zum heutigen Tag wird gebaut – und das Gebäude, das viele Nischen, Türmchen, kräftige Mauern, merkwürdige Winkel, repräsentative Salons, ruhige Zimmerchen, abenteuerliche Gänge hat, wird nie vollendet werden!

Was wäre mein Leben ohne Bücher, ohne Literatur? Es wäre nicht nur ärmer, es wäre arm. Unvorstellbar!

Freilich können Bücher nicht nur bereichern, sie können gelegentlich auch zur Last werden. Beim letzten Umzug bin nicht nur ich beim Einpacken nervös geworden, sondern auch die Möbler, die viel lieber einige schwere Kästen geschleppt als 150 Bücherkisten über mehrere Treppen getragen hätten. Und wenn die Bücherberge in der Wohnung derart wachsen, dass man über sie stolpert, lässt man sich schon einmal zu einer ärgerlichen Bemerkung hinreißen. Aber der Unmut ist nur temporär und nicht weiter ernst zu nehmen.

In der Aufklärung wurde gesagt, Literatur solle erfreuen und nützen. Daran hat sich bis heute nichts geändert. Über den Unterhaltungswert braucht man sich nicht weiter auszulassen. Die Nützlichkeit spiegelt sich nicht nur in der Sachliteratur, sondern auch in der Belletristik – nicht ohne weiteres im Sinne einer Lebenshilfe, wie oft gesagt worden ist, sondern in dem Vorstellen unendlich vieler Lebenssituationen, von denen ich sonst keine Ahnung hätte, die ich niemals alle erleben kann. Insofern bereichert sie mich, belehrt mich, lässt mich nachdenken, emotionalisiert mich. Die Form der Darbietung kann mich ansprechen, mich ärgern, abstoßen oder erfreuen. Und damit wird Literatur wieder zur Unterhaltung.

Auch die Unterhaltungsliteratur, selbst die anspruchlose und wenig kunstvolle, erfordert etwas, ohne das die größte Konkurrenz des Buches, das Fernsehen, auskommt: die Imagination. Deswegen sind wir ja fast immer enttäuscht, wenn wir ein bekanntes literarisches Werk verfilmt erleben; uns wird etwas vorgesetzt, das nicht mit der von uns erschaffenen phantastischen Welt übereinstimmt. Literatur oder eben die Tätigkeit des Lesens bedeutet somit Arbeit im doppelten Sinne: das Gehirn muss die Schrift „entziffern" und in Bilder umsetzen. Beim Fernsehen brauche ich nur die Bilder aufzunehmen, meine Aktivität ist nicht erforderlich; ich lasse mich berieseln. Und wenn unsere Kinder schon von früh an berieselt werden, also passiv sind, dann verlieren sie eben allmählich die Gabe der Phantasie. Dies wäre ja nicht so schlimm, aber Phantasie gehört nicht nur zur Lektüre, sondern zur Lebensbewältigung, zum Ausdenken neuer Strategien, ist bei der Forschung genau so gefragt wie in alltäglichen Situationen. Unabhängig von der Phantasie gehört Lesen zur Voraussetzung eines kritischen Bewusstseins. Bilder und einige gesprochene Worte im Fernsehen genügen dazu nicht.

An den Quellen der Weisheit

Ich freute mich sehr auf das Studium – und wurde sehr enttäuscht. Die Massen-Universität war nicht das, was ich mir vorgestellt hatte. Proseminare mit ca. 200 Studenten waren nichts Ungewöhnliches. Überall herrschte Unpersönlichkeit, verbunden mit Bürokratie. Erst in den Haupt- oder Oberseminaren fand man zu den Professoren ein wenig Kontakt. Liest man in den Memoiren der Vätergeneration, so bestand einst ein enges Verhältnis zwischen einem Dozenten und den Studierenden und es kam damals nicht unbedingt auf die Note einer einmaligen Prüfung an, weil der Professor seine Studenten sehr genau kannte und um ihr tatsächliches Wissen Bescheid wusste. Ich kam meinen Aufgaben nach, aber ich fühlte mich nicht wirklich wohl in dieser Bahnhof-Warteraum-Atmosphäre.

Von meinem ursprünglichen Berufsziel, dem Volksschullehrer, hatte ich Abschied genommen, da mich im Gymnasium zunehmend das Fach Deutsch interessierte. Also wollte ich Deutsch und Latein studieren. Wegen des fehlenden Graecums musste ich nun täglich Griechisch lernen. Die Deklinations- und Konjugationsformen wollten nur schwer in meinen Kopf – jedenfalls bildete ich es mir ein -, das Latein-Studium gefiel mir auch nicht sehr: nach dem ersten Semester warf ich den Kram hin und schrieb mich für Geschichte und Sozialkunde ein. Nachträglich bin ich froh, dass ich so rasch resignierte, was eigentlich nicht meine Art ist. Aber wenn ich denke, ich hätte 35 Jahre lang mit den meist unwilligen Schülern die Feststellung Cäsars übersetzen müssen, dass „ganz Gallien in drei Teile geteilt ist“! Entsetzlich!

Ich machte also pflichtbewusst meine Scheine in Mittel- und Althochdeutsch, in Allgemeiner Volkswirtschaft, in Recht und Politik; ich beschäftigte mich mit „Kafkas Erzählungen und kleiner Prosa“, dem „Drama des 19. Jahrhunderts“ und mit „Thomas Manns Erzählkunst“; mit „Politik und Ökonomie in Deutschland 1945 - 1953“ und mit den „Zentralproblemen der bayerischen Geschichte des 16. – 18. Jahrhunderts“; ich lernte Altnordisch und übersetzte norwegische Texte, obwohl ich niemals norwegisch gelernt hatte.

Sozialkunde wurde nur als Zusatzfach eingestuft, es waren aber fast so viele Scheine nötig wie in den Hauptfächern Deutsch und Geschichte zusammen. Es war viel zu tun!

Einige Vorlesungen waren wirklich interessant und lehrreich: „Der moderne Roman“ über zwei Semester bei Ulrich Fülleborn; „Das Regierungssystem der Bundesrepublik“ bei Waldemar Besson; die Kollegs über neuere deutsche Literatur bei Helmut Prang. Begeistert war ich von den Vorlesungen und

Seminaren über mittelalterliche Literatur bei Siegfried Beyschlag. Er erzählte öfter zur Demonstration Geschichten oder las Textstellen vor – und im großen Hörsaal war es mucksmäuschenstill. Es war wie in der Märchenstunde. Aus Unkenntnis meldete ich mich im 9. Semester zur Teilnahme an seinem Oberseminar an, ohne zu wissen, dass dort nur Assistenten und Doktoranden gefragt waren. Ich durfte bleiben. Seitdem ist mir Oswald von Wolkenstein – der erste Dichter, dessen Leben wir aufgrund seiner Lieder genau kennen und über den ich dann ein Referat halten musste – nicht nur ein Begriff, sondern ein Dichter, mit dem ich mich immer wieder beschäftigte.

Sehr interessiert haben mich die Vorlesungen und Seminare bei Hans Lades in neuester Geschichte. Seine Themen: „Weichenstellungen in der deutschen Politik nach 1945", „Deutsche Politik zwischen Washington und Moskau" oder „Grundlegung der industriellen Gesellschaft". Bei ihm lernte ich viel über Deutschland im 20. Jahrhundert. Ich konnte nicht wissen, dass er einmal mein Doktorvater werden würde.

Im Rahmen unseres Studiums mussten wir entweder eine Prüfung in Pädagogik, Philosophie oder Psychologie ablegen. Ich wählte Pädagogik und erlebte die vielleicht interessantesten Stunden an der Uni bei Erich Weber. Er las über „Erziehungsstile und Erziehungspraktiken" und hielt ein Seminar über „Die Begabung als pädagogisches Problem". Dieses Seminar war weitgehend soziologisch ausgerichtet und zeigte u. a. Zusammenhänge von Besitz und Bildung, von Schichtzugehörigkeit und schulischer Ausbildung auf, Fakten, die später in jedem Schulbuch zu finden, damals aber relativ neu waren. Als der Satz eines Soziologen fiel: „Am schwersten hat es ein katholisches Mädchen aus einer bäuerlichen Familie in Bayern, einen höheren Schulabschluss zu erzielen.", musste ich an die Juradörfer meiner Heimat denken. Wie wahr! Dieser Soziologe war übrigens ein Jesuit! Bei Weber habe ich viel gelernt, was wirklich mit meinem späteren Berufsfeld etwas zu tun hatte.

Es gab auch Professoren, mit denen ich nicht allzu viel anfangen konnte. Eine Historikerin sprach einen einzigen Satz frei, dann las sie neunzig Minuten ihren Text vor. Der Satz hieß: „Liebe Kommilitoninnen und liebe Kommilitonen"! Diese Veranstaltung war tödlich. Ein Volkswirtschaftler sprach überlange Satzperioden frei und brachte sie korrekt zu Ende. Dafür bewunderte ich ihn. Aber von der Materie bekam ich wenig mit, zumal wir Sozialkundler ja nur Schmalspur-Studenten auf diesem Gebiet waren. Der Germanist Kurt Wölfel war natürlich eine Kapazität, aber das wusste er selbst; seine Eitelkeit ging mir auf die Nerven. Heute lese ich ganz gerne seine Bücher. Als wir uns bei dem jungen Dozenten Schlüer mindestens eine halbe Stunde Gedanken machten, warum Jeremias Gotthelf in seiner Novelle „Die schwarze Spinne", die immerhin über hundert Seiten ausmacht, irgendeinen Satz mit dem Wörtchen „und“ beginnen lässt, bekam ich Zweifel, ob Literaturbetrachtung dieser Art sinnvoll ist.

Im Laufe meiner eingeschriebenen vierzehn Semester, wobei ich die letzten bereits parallel als Lehrer verbrachte, stellte ich fest, dass die Professoren, die aus dem Schuldienst kamen, die besseren „Universitätslehrer“ waren. Sie sahen nicht nur ihren Stoff, sondern auch den jungen Menschen, dem sie ihr Wissen weitergaben. Dies galt für den Germanisten Beyschlag wie für den Althistoriker Wirth. Bei ihnen arbeitete ich gerne.

Als ich alle meine nötigen Scheine hatte, stellte sich die Frage, bei wem ich die Zulassungsarbeit schreiben sollte. Obwohl ich ja letztlich wegen Germanistik studiert hatte, wendete ich mich während meiner Zeit an der Erlanger Universität stärker der Geschichte zu. Hier ging es weitgehend um Fakten, nicht um Schönrederei oder gar um Selbstdarstellung, wie ich sie öfter bei den Literaturwissenschaftlern erlebte. Interessant war für mich später, dass es ehemaligen Schülerinnen von mir ähnlich erging, die sich auch zunehmend der Historie zuwandten, obwohl ihre Neigung mehr der Literatur gehörte.

Ich ging zu Professor Lades, fragte ihn höflich – ich kam ja als Bittsteller -, ob ich bei ihm meine Zulassungsarbeit schreiben könne. Nach seiner positiven Antwort sagte ich ihm, dass ich eigentlich gar keine Zulassungsarbeit schreiben, sondern gerne bei ihm promovieren wolle. Nachdem er selbst seine Einwände – sein Alter, Reduzierung der Doktoranden-Anzahl – zurückgestellt hatte, fragte er mich, ob ich schon ein Thema im Auge hätte. Hatte ich natürlich nicht, ich wusste ja nicht, ob er mich nehmen würde. Nach zweistündiger Beratung ging ich mit dem Thema von ihm weg: „De Gaulle und Adenauer im Spiegel sechs deutscher Wochenzeitungen. Die Beurteilung ihrer gemeinsamen Politik 1958 - 1963“.

Warum wählte ich Hans Lades? Ich hatte eine Reihe von Vorlesungen bei ihm gehört, einige Seminare besucht und war beeindruckt von seiner Gedanken-Klarheit. Und etwas Wesentliches lernte ich bei ihm: die Fragestellung „Warum?“. Diese Frage sollte auch später meinen Unterricht prägen; denn wird sie gestellt, merkt man nach kurzer Zeit, ob ein Sachverhalt fundiert begründet werden kann, ob Logik vorhanden ist.

Unabhängig von seiner Gedanken-Klarheit war er etwas großzügig, was Ordnung, Termine etc. betraf. Und er sollte ein angenehmer Doktorvater werden. Nie musste ich ihm seine Tasche nachtragen oder sonstige „Sklavendienste“ leisten, wie es bei vielen Professoren der Fall war. Jedes Vierteljahr verabredeten wir uns im Café, er fragte mich wie es gehe, hatte Verständnis, dass ich viel Arbeit hätte, bezahlte meine Tasse Kaffee, und wir gingen wieder auseinander. Er sah mein Skript erstmals, als ich es ihm insgesamt überreichte. Ich weiß von anderen Professoren, die sich Kapitel für Kapitel vorlegen ließen, diese korrigierten, neue Ideen hatten, die unbedingt eingebracht werden sollten, so dass der Doktorand schließlich kaum mehr das Gefühl hatte, die Dissertation stamme von ihm. Natürlich war es ein Risiko für mich, denn was wäre gewesen, wenn er gesagt hätte, so habe er sich das Ganze nicht vorgestellt! Unvergesslich, als ich mich nach seiner Korrektur, die ich immer wieder durch telefonische Nachfragen anmahnen musste, bei ihm meldete, um sein Urteil zu erfahren. Er weilte zur Kur in einem ehemaligen Schloss in Reichenschwand. In einem Zimmer mit Rokoko-Möbeln (sicher aus dem 20. Jahrhundert) empfing er mich, ließ Kaffee kommen und urteilte. Er war mit meinen Darlegungen einverstanden, nur das Schlusskapitel gefiel ihm nicht. Nach eineinhalb Stunden tat mir meine Mutter leid, die bei kühler Temperatur vor dem zinnenbekrönten Schlösschen im Auto saß, auf mich wartete und vermutlich fror. Ich brachte allmählich das Gespräch auf diesen Sachverhalt, mit dem Ergebnis, dass der Herr Professor aufsprang, mit mir zum Auto ging und sich bei meiner Mutter entschuldigte. Das war Hans Lades!

Am selben Tag, als ich das Thema meiner Dissertation bekam, zeigte mir meine Schwester einen Zettel, der im Briefkasten lag. Eine Spedition im benachbarten Industrieviertel suchte Hausfrauen, die am Abend Frachtkarten schrieben. Ich fuhr zur „Spedition Weichelt“, stellte mich vor, sagte, dass ich zwar keine Hausfrau sei, aber Maschine schreiben könne und Geld bräuchte. Das Ergebnis: Ich erhielt nicht nur die „Hausfrauenarbeit“, sondern auch die Verwaltung über die damals aufkommenden Paletten.

Für mich begann jetzt eine schöne Zeit. In aller Frühe arbeitete ich an meiner Dissertation, dann fuhr ich in die Spedition und sorgte dafür, dass die Paletten dorthin kamen, wohin sie gehörten, arbeitete zu Hause wieder geistig und schrieb ab 17 Uhr im Speditionsbüro Frachtkarten, wobei ich erstaunt war, wie viele Waren durch Deutschland hin und her gefahren werden. So wurden etwa Reifen von Nürnberg nach Hamburg und im Gegenzug Reifen von Hamburg nach Nürnberg spediert. Ich verdiente gutes Geld, meine wissenschaftliche Untersuchung wuchs allmählich und gelegentlich verreiste ich mit Freunden. Die Universität sah ich kaum mehr von innen.

Am 18. Dezember 1970 fand endlich die zweistündige mündliche Prüfung statt, nachdem zuvor der Termin mehrmals verschoben worden war, da mein Doktorvater wohl irgendwelche Fristen nicht eingehalten hatte. Eigentlich hätte auch dieser Prüfungstermin auf die Zeit nach Weihnachten verschoben werden sollen, weil ein Germanist (!) Einspruch erhoben hatte, die Dissertation habe nicht die erforderliche Zeit zur Einsichtnahme im Dozentenzimmer aufgelegen. Da wurde der Koreferent, Professor Rumpel, wütend und sorgte dafür, dass Fehler anderer nicht auf dem Rücken des Prüflings ausgetragen werden, zumal der Germanist (es soll Kurt Wölfel gewesen sein) sich selbst nie an Termine halte. Die Weihnachtsfeiertage konnte ich anschließend gelassen genießen.

Jetzt hatte ich einen akademischen Titel, aber das war nicht viel fürs Leben. So fuhr ich die nächsten Monate mit einem bandscheibengeschädigten Hut-Vertreter durch Bayern, schleppte Koffer mit diversen Ausstellungsstücken, baute diese dekorativ in Hotelsälen auf und stellte mich gelegentlich als lebender Kopf zur Verfügung, auch bei Frauenhüten. Wir wohnten stets in den ersten Häusern der jeweiligen Stadt. Es ging mir sehr gut. Vermutlich war ich der erste promovierte Hut-Vertreter! Aber eine Dauerstellung war das wohl nicht.

Schließlich landete ich bei den „Englischen Fräulein" in Nürnberg, die ebenso händeringend eine Lehrkraft suchten wie ich finanzielles Einkommen. Zwar war ich kein Lehrer, ich hatte nur einen Universitätsabschluss, aber kein Staatsexamen und keinerlei pädagogische Ausbildung, aber in Zeiten der Not nimmt man die sonst nötigen Zeugnisse und heiligen Stempel nicht so genau. So unterrichtete ich von heute auf morgen fünfzehn Wochenstunden Deutsch und Geschichte und war vermutlich mein bester Schüler. Denn ich stellte fest, dass ich eigentlich gar nicht sehr viel weiß. Meine Altnordischkenntnisse, die Liedkunst Oswalds von Wolkenstein und historisches Spezialwissen waren hier nicht gefragt.

„Wie hältst du's mit der Religion?"

Dass ich einmal mein Berufsleben an einer Klosterschule verbringen werde, hätte ich mir nie träumen lassen, obwohl ich seit meiner Jugendzeit immer irgendwie mit Katholiken zu tun hatte. Als es mir in Latein schlecht ging, erbarmte sich die katholische Katechetin, Fräulein Wagner, meiner und half mir über die Schwierigkeiten hinweg. Es war für sie selbstverständlich mir zu helfen, als sie von meinen lateinischen Nöten erfuhr. So ging ich längere Zeit mehrmals in der Woche in das Pfarrhaus von St. Peter und Paul, bis die Lücken geschlossen waren und ich Cäsar, Sallust und Cicero ohne große Probleme übersetzen konnte. Meine Schulkameraden aus der gymnasialen Oberstufe, Wolfgang und Gunther, sind seit etwa 45 Jahren meine Freunde – und natürlich katholisch. Meine Freundinnen waren fast alle katholisch und meine Frau ist es ebenso. Seit der Studentenzeit arbeite ich in der Diözese Eichstätt in gesellschaftspolitischen Arbeitskreisen mit – und so ist es vielleicht gar nicht verwunderlich, dass ich als Protestant auch an einer katholischen Schule unterrichtete.

In meinem Dorf wurde nicht eigentliche Ökumene gepflegt, aber die drei Pfarrer der beiden Konfessionen verstanden sich – soweit ich dies mitbekam – recht gut. Der evangelische Pfarrer Grießhammer von St. Gotthard führte auch gerne Fachgespräche über Briefmarken mit der katholischen Katechetin, Fräulein Wagner. Freilich, die Bevölkerung wahrte einen gewissen Abstand, zumal so vieles der anderen Konfession ungewöhnlich war: Kirchenlatein, Weihrauch, Marienverehrung auf der einen Seite, Luther, keine Heiligen, kein Fronleichnam auf der anderen Seite. Seltsam sind die schon, wird mancher gedacht haben.

Ich komme aus einer traditionell evangelischen Familie, meine Mutter war gläubig, aber religiös bodenständig, Schwärmerei jeder Art lag ihr nicht. Der Kirchgang gehörte zum Sonntag und zweimal im Jahr ging man in meinem Dorf zum Abendmahl, also auch wir. So waren die Spielregeln.

Eine merkwürdige Tradition gab es beim Abendmahl. Man reihte sich vor der Sakristei in die Schlange derjenigen, die nach dem Gottesdienst an der anschließenden Abendmahlsfeier teilnehmen wollten, ein und gab dem Pfarrer unter Angabe des gewünschten Zweckes die Geldspende, die er gewissenhaft in ein großes Buch eintrug. Dann wünschte er einem Gottes Segen. Zwangsläufig entstand der Eindruck, man müsse für die Absolution seiner Sünden zahlen. Luther hätte sicher keine große Freude gehabt, wenn er von dieser Praxis gewusst hätte. Nun, man ist geneigt zu sagen, früher gab es eben merkwürdige Regelungen, aber heute ... Vorsicht! 2007 nahm ich an der sehr würdig gestalteten Feier der Goldenen Konfirmation teil und der sympathische, sehr junge Pfarrer empfahl unmittelbar vor dem Abendmahl das aufgestellte Körbchen unserer Aufmerksamkeit und nach Einnahme von Brot und Wein vor dem Altar machten wir einen kleinen Bogen und spendeten unser Schärfchen. Da einige Jubilare ein vorbereitetes Kuvert in den Korb legten, nehme ich an, dass die Tradition ungebrochen weiter gepflegt wird.

Im Religions- und im Konfirmandenunterricht hatte ich Dekan Graf. Ein schlanker, etwas bäuerlicher und steifer, strenger, aber durchaus gütiger Mann vermittelte uns solide Bibelkenntnisse, von denen ich ein Leben lang zehrte. An der „Christenlehre" am Sonntag zur ungewöhnlichen Zeit um 13 oder 14 Uhr nahm man selbstverständlich als Präparand oder Konfirmand teil. Zwei aus dieser Gruppe mussten jeweils vor die Gemeinde treten und, mit dem Rücken zu ihr, vollständige Psalmen oder Kirchenlieder auswendig vortragen. Noch heute sind mir einzelne Passagen geläufig.

Am Freitag vor dem Palmsonntag, dem Konfirmationstag, fand die Kirchenprüfung statt. Wir Konfirmanden saßen vorne in der Kirche und hinten die Gemeinde, die weitgehend aus unseren Familien bestand. Diese zählten sehr genau mit, wie oft ihr Favorit, also ihre Tochter, ihr Sohn, vom Pfarrer aufgerufen wurde und dieser eine richtige Antwort erhielt. Ranking schon vor Jahrzehnten, als es diesen Ausdruck bei uns noch nicht gab!

Nicht nur zur Konfirmation waren die Jungen schwarz gekleidet, auch später ging man mit dunklem Anzug und schwarzer Krawatte, die Mädchen und Frauen in gedeckter Kleidung zum Abendmahl. Die Stimmung entsprach der einer Beerdigung. Überhaupt scheint das Evangelisch-Sein eine ernste Sache zu sein. Meine Frau hat mir dafür ein wenig die Augen geöffnet. So fand sie z. B. den schwarzen Talar des evangelischen Pfarrers mit seinem weißen Beffchen immer etwas traurig im Gegensatz zu den farbigen liturgischen Gewändern des katholischen Priesters.

Als die Pfarrer an St. Sebald in Nürnberg anfingen, eine Stola umzulegen oder an Feiertagen gar weiße Talare zu tragen, war das für manches Kirchenmitglied Grund genug, den Gottesdienst zu meiden. Schließlich sei man evangelisch und nicht katholisch. Auch der Einbau der Abendmahlsfeier in den gewöhnlichen Gottesdienst rief Stirnrunzeln hervor.

Wie eng es in unserer Kinder- und Jugendzeit zuging, kann man sich heute kaum mehr vorstellen. Die Tradition, die oft sinnentleert war, musste eingehalten werden, wollte man nicht zum Außenseiter gestempelt werden. Wenn wir heute klagen, dass alles relativiert werde und keine verbindlichen Regeln mehr vorhanden seien und überhaupt alles drunter und drüber gehe, dann handelt es sich – wenn es wirklich so sein sollte – um eine natürliche Reaktion.

Meine Frau, Marlies, die ich in unserem Lehrerzimmer kennen und lieben lernte, und ich wurden 1975 ökumenisch getraut vom Sebalder Pfarrer Bernd Seufert im schwarzen und vom Direktor der Maria-Ward-Schule und Priester Albert Schuster im weißen Talar in der Kirche der Englischen Fräulein, der Schulkapelle. Wir beide arbeiteten lange Jahre an einer meditativen Gottesdienstreihe, den „Bedenkzeiten", in St. Sebald mit, meine Frau teilte dort auch das Abendmahl mit aus, wir gehen sonntags in den evangelischen oder in den katholischen Gottesdienst, ich nehme an der Kommunion, meine Frau am Abendmahl teil, ich unterrichtete als evangelischer Lehrer an der katholischen Schule ein Berufsleben lang. Ökumene ist für uns nicht nur ein Wort. Auch für unsere Maria-Ward-Schwestern sind Freundschaften mit Protestanten selbstverständlich. Und Albert Schuster, mein Direktor über mehr als zwanzig Jahre, hat seine Lehrkräfte bei der Anstellung nie gefragt, welcher Konfession sie angehören.

Wenn wir Christen nicht beginnen, Grenzen abzubauen, aufeinander zuzugehen, das Gemeinsame stärker als das Trennende zu betonen, wird uns in Zukunft ein kräftiger Wind ins Gesicht blasen. Wir werden es künftig nicht nur mit einer anderen Konfession zu tun haben, sondern mit anderen Religionen und Glaubensrichtungen, die vielleicht wenig tolerant sind und uns in Bedrängnis bringen können. Farbigkeit im Glauben stört nicht; warum sollen nicht unterschiedliche Akzente gesetzt werden, aber die Zeit des Bekämpfens und der Intoleranz hat endlich der Vergangenheit anzugehören. Schlimm genug, dass einst im Namen desselben Gottes Kriege geführt worden sind.

Und welche Bedeutung hat die Religion für mich?

Sie trägt natürlich zur Sinngebung bei, zeigt dem Menschen seine irdische Größe sprich Kleinheit, nimmt ihm andererseits die Angst bei der Bewältigung des Lebens. Zwar kann ich mir wenig unter einem Leben nach dem Tod vorstellen, glaube aber, dass es gar nicht so wichtig ist, sich darüber Gedanken zu machen. Entscheidend ist hier das Leben auf dieser Erde. Es ist ein Geschenk, eine Chance, die es zu nutzen gilt. Freilich ist es beispielsweise für einen lebenslangen Kranken schwer, sein Leben als ein Geschenk anzusehen. Aber jeder muss in seiner Situation selbst eine Antwort finden. Wir werden eines Tages gefragt werden, wie wir mit unseren Pfunden gewuchert haben, ob wir unsere Gaben verschleudert oder genutzt haben. Schlimm stelle ich mir vor, wenn man sich auf dem Totenbett sagen muss, ich habe aus meinem Leben nichts gemacht oder die Chancen, die ich bekam, leichtfertig vertan. Damit es nicht zu dieser Bankrotterklärung kommt, hilft der Blick auf Jesus Christus, der ja durch sein Menschsein Wegweiser sein kann.

Ich jedenfalls bin froh, dass ich in einer christlichen Familie und Umwelt aufwuchs, mit Menschen zu tun hatte, die sich bemühten, nach christlichen Grundsätzen zu leben, von Zeugen des Glaubens erfuhr, die ihr Leben – wie Pater Delp oder Dietrich Bonhoeffer – einsetzten. Dies alles bildete ein Fundament, auf dem der eigene Glaube aufbauen konnte und kann – trotz aller Anfechtung und Zweifel. Vermutlich müssen diese Anfechtungen sein, um wirklich selbst eine Entscheidung treffen zu können. Es gehört zur Würde des Menschseins, frei zu entscheiden und nicht abhängige Größe zu sein – auch nicht im Glauben.

Freilich könnte man manchmal verzweifeln, wenn man einen Blick in die Kirchengeschichte wirft, wenn man die Beschränktheit, Dummheit und Arroganz mancher Kirchenvertreter sieht, wenn man das Gefühl hat, die von Menschen aufgestellten Regeln in den Institutionen sind wichtiger als die Menschen aus Fleisch und Blut. Oft liegt ein Kirchenaustritt nahe. Aber wenn ich an Schwestern beider Konfessionen denke, die für geringsten materiellen Lohn ein Leben lang für andere da sind, wenn ich mich der Männer und Frauen erinnere, die ich in meinem Leben kennen gelernt habe und deren Handeln mit den biblischen Grundsätzen übereinstimmt, ohne dass ein Wort darüber verloren wird, dann wäre ein solcher Austritt auch dumm und arrogant und letztlich ein Verrat – nicht an der Institution, sondern an der Sache.

Spannende Jahre

Das früheste politische Ereignis, an das ich mich erinnern kann, ist neben der Entlassung der Kriegsgefangenen aus der Sowjetunion 1955 der Aufstand der Ungarn im Herbst 1956. Ich war zu dieser Zeit einige Tage bei meinen Verwandten, die damals bereits einen Fernsehapparat besaßen, und erlebte so unmittelbar diese Tragödie mit. Noch heute sehe ich Bilder von damals vor mir. Mich beeindruckten der ungleiche Kampf zwischen einzelnen Menschen und unförmigen Panzern und die sowjetische Brutalität. Ich kann mich auch noch sehr gut an die flehenden Hilferufe der Ungarn, gerichtet an die westliche Hemisphäre, erinnern, die per Rundfunk ausgestrahlt wurden und die ohne Widerhall blieben, denn das militärische Gleichgewicht ließ kein Eingreifen der Amerikaner zu. In diesem Zusammenhang hatte ich viele Jahre später ein Erlebnis, das mich tief berührte. Ich saß im Auto und hörte zufällig, wie am 23. Oktober 1989 die neue ungarische Republik ausgerufen wurde. Zur Erinnerung wurde noch einmal der einstige Hilferuf von 1956 eingespielt. Nach über 30 Jahren ging ein nationaler Wunsch endlich in Erfüllung! Ich freute mich aufrichtig mit den vom sowjetischen Joch befreiten Ungarn.

Es muss Ende der 50er Jahre gewesen sein, als eine Postwurfsendung ins Haus flatterte, die sich Gedanken um unsere Sicherheit machte. Auf einem gefalteten DIN-A-5-Blatt von minderer Papier-Qualität erhielten wir Tipps, wie wir uns bei einem Atomkrieg verhalten sollten. Noch sehe ich eine der den Text illustrierenden Zeichnungen vor mir: Ein Mann kauert unter einem Tisch und hält seine Aktenmappe schützend über den Kopf. Dieses Blatt war, wenn ich mich nicht täusche, im Auftrag der Bundesregierung herausgegeben. Über die damalige Naivität können wir uns heute nur noch amüsieren.

Das nächste herausragende Ereignis war die Drohung Chruschtschows im November 1958, West-Berlin zur freien Stadt zu erklären. Ich sehe mich im Abendzug nach Thalmässing fahren und den besorgten Pendlern zuhören, als sie ihre Vermutungen austauschten, ob die Sowjets wirklich diesen Schritt wagen würden.

Die zwei folgenden Ereignisse übertrafen freilich diese Drohung. Am Nachmittag des 13. August 1961 kamen meine Mutter, meine Schwester und ich von einer kleinen Sonntagswanderung zurück, schalteten das Radio ein und erfuhren sofort durch eine Sondersendung, was seit dem frühen Morgen in Berlin geschehen war: Beginn des Mauerbaus. Bald danach wurde die Rede des Regierenden Bürgermeisters Willy Brandt vor dem Schöneberger Rathaus übertragen. Unvergesslich für mich seine maßlose Wut auf Ulbricht, den er mehrmals als „Kettenhund" der Sowjets bezeichnete.

So schlimm wir diesen Mauerbau und die damit zusammenhängenden menschlichen Tragödien empfanden, viel schlimmer waren im Oktober 1962 die sowjetischen Schiffe, die mit ihren Raketen unbeirrt Richtung Kuba fuhren – trotz der Warnung des amerikanischen Präsidenten. Uns war vielleicht nicht klar, dass die Welt am Rande des Abgrunds taumelte, aber wir wussten, dass es Krieg geben wird, wenn Chruschtschow nicht einlenkt. Wir hörten, wann immer es ging, Radio, lasen morgens begierig die Zeitung – und atmeten glücklich auf, als wir von dem Stopp der Schiffe und schließlich von ihrer Rückkehr erfuhren. Noch heute läuft mir ein Schauer über den Rücken, wenn ich einen Blick in die damaligen Zeitungen werfe, die ich aufgehoben hatte.

Große Trauer empfanden wir jungen Menschen über den Tod John F. Kennedys am 22. November 1963. Irgendwie identifizierten wir uns mit ihm, wahrscheinlich waren es seine jugendliche Art und sein junges Alter im Vergleich mit den betagten Staatsmännern in allen Ländern. Ich saß abends im Warteraum des Schwabacher Bahnhofs und wartete auf eine Mitschülerin, um mit ihr auf einen „Klassenabend", eine Veranstaltung, die einer Klasse zweimal im Jahr erlaubt war, zu gehen. Plötzlich hörte ich aus dem Radio die ersten Meldungen von dem Attentat. Ich war konsterniert. Als Uli ankam und ich ihr aufgeregt diese Nachricht mitteilte, fragte sie: „Wird es Krieg geben?"

Auch wenn wir Kennedy heute vielleicht etwas kritischer sehen (müssen), uns hatte er angesprochen, uns hatte er etwas zu sagen. Begierig las ich damals einen Stapel Bücher mit seinen Reden, die ein Freund aus dem Amerikahaus in Nürnberg besorgte. Hängen geblieben ist bei mir insbesondere seine Forderung nach Zivilcourage.

Ebenso unvergesslich ist natürlich die Mondlandung der Amerikaner am 20. Juli 1969. Ich ging in dieser Nacht nicht ins Bett, sondern legte mich auf die Couch im Wohnzimmer, stellte den Wecker und erlebte über das Fernsehen live den ersten Schritt auf dem Mond mit. Ein grandioses Erlebnis! Dabei erinnerte ich mich, wie ich am 4. Oktober 1957 mein Frühstück bereitet und aus dem Radio erfahren hatte, dass erstmals ein sowjetischer Satellit namens „Sputnik" die Erde umkreise. Nun war der Wettlauf im All zugunsten der Amerikaner ausgegangen.

Welthistorische Ereignisse begleiten ein individuelles Leben, teilen den stets fließenden Strom der Zeit, setzen Akzente. In meinem Leben waren es fast immer Ereignisse, die Angst hervorriefen, Schauder erregten und in der Frage nach Krieg endeten. Unsere Generation wurde im Krieg oder kurz nach dem Krieg geboren, wuchs in der Nachkriegszeit mit all ihren Entbehrungen und Nöten auf und lebte fast ein halbes Jahrhundert im drohenden Schatten des Kalten Krieges.

Während meines Studiums an der Universität in Erlangen begann das, was man später als die „Studentenrevolte“ oder die „Zeit der 68er“ bezeichnete. Die jungen Menschen wollten nicht mehr die alten Zöpfe ertragen, nicht mehr die Restauration, die nach 1945 einsetzte, fortsetzen, nicht mehr in der Vermehrung des Wohlstands das Lebensziel sehen, mehr Demokratie realisieren. Als Gegenreaktion auf den Antikommunismus, der oft sehr primitiv war und der unser Denken geprägt hatte, setzte die Faszination des Marxismus ein.

Auch die Studenten der Universität in Erlangen waren der Auffassung: „Unter den Talaren liegt der Muff von 1000 Jahren!“ und demonstrierten für Veränderungen. Es gab wie überall „sit-ins“, „teach-ins“„go-ins“, Streiks, Sprechchöre, aber die Revolte hielt sich in Grenzen. Ich glaube, das Höchste an revolutionärem Ausbruch war eine zugeschmetterte Türe, die mit einem Professorenkopf kollidierte. Bei einer Demonstration gegen das neue Hochschulrahmengesetz vor dem Schloss, in dem ein Professorengremium tagte, waren wir Studenten versammelt und schrieen irgendwelche Parolen. Die Polizei-Hundertschaft, die damals noch der Exekutive der Stadt unterstand, wartete mit ihren Wasserwerfern in diskretem Abstand. Da das Mikrofon der Einpeitscher ausfiel, half der Oberbürgermeister Heinrich Lades, Bruder meines Doktorvaters, aus, ließ ein Polizeifahrzeug mit Lautsprecheranlage vorfahren und stellte diese unter dem Beifall der Demonstranten zur Verfügung. Damit war die Situation entkrampft, die Polizei wurde beklatscht, die Studenten konnten Parolen rufen und die schließlich aus dem Schloss ausziehenden Professoren wurden ausgebuht. Während in anderen Städten wegen Lappalien Straßenschlachten stattfanden, hat das „politische Establishment“ Erlangens durch geschicktes Taktieren Schlimmes vermieden.

Natürlich war nicht alles sinnvoll, was die aufgeregten Studenten veranstalteten. Die Überstrapazierung demokratischer Regeln war oft nicht nur nervtötend, sondern auch lächerlich. Wenn plötzlich jemand Anstoß an einem Blumentopf auf der Fensterbank nahm, musste die eigentliche Diskussion wegen des eingebrachten Geschäftsordnungsantrags unterbrochen werden und die Anwesenden machten sich Gedanken, ob der Blumentopf nun ein allgemein störendes Objekt sei oder nicht. Erst die Abstimmung darüber ermöglichte die Fortsetzung der Debatte. Mit Hilfe von Geschäftsordnungsanträgen wurde so manche Diskussion in die Länge gezogen, ja abgewürgt und die Teilnehmer verloren das Interesse am eigentlichen Problem.

Ich war nicht allzu oft bei solchen Veranstaltungen, fand auch nicht alles gut, was damals politisch lief, bin aber nach wie vor der Meinung, dass diese Jahre der Auflehnung, dass dieser Gärungsprozess dringend nötig war. Zu viel Muff, zu viel Altes, Verstaubtes hatte sich angesammelt. Und ohne Druck der Jungen hätte sich gar nichts verändert. Mich freut es, dass ich zu dieser 68er-Generation gehöre!

Interessant war, welche Fakultäten die Demonstrationen und politischen Aktionen trugen. Das waren nicht die Mediziner, die ihr verschultes Studium absolvierten und den Kopf in den Sand steckten, nicht die Juristen, die wahrscheinlich an ihre Karriere dachten, auch nicht die Techniker, die am Stadtrand ihre Gebäude hatten und vielleicht froh waren, nicht Farbe bekennen zu müssen – es waren die Geisteswissenschaftler, die sich Gedanken über Gegenwart und Zukunft machten, die natürlich auch für Rabatz und sonstige Begleiterscheinungen verantwortlich waren. Ich bin froh, dass ich zu den Geisteswissenschaftlern gezählt werden muss!

Mein Weltbild verschob sich allmählich ein wenig nach links. Zu konservativ, zu sehr der Vergangenheit und zu wenig der Zukunft zugewandt erschienen mir die Repräsentanten des Bürgertums. Zwar hatte ich schon als Schüler der Oberstufe Einwände gegen die politischen Vorstellungen der CSU, aber als Angehöriger des Kleinbürgertums wählte ich sie dann doch, als ich 1965 erstmals zur Wahlurne gehen durfte – allerdings auch zum letzten Mal. Die Sozialdemokratie galt damals als reine Arbeiterpartei, als eine Partei, der irgendwie der Ruch des Negativen anhaftete. Vielleicht geisterte sogar noch der Vorwurf des Vaterlandsverrats durch die Köpfe. Die Vergangenheit, sprich das Dritte Reich, hatte also ganze Arbeit geleistet. Aber: Wer hatte denn 1933 den Mut, Hitler und seinem Ermächtigungsgesetz zu widersprechen, wer musste aus Deutschland fliehen, wer verschwand in den Konzentrationslagern? Offensichtlich konnte ich mich damals noch nicht vom herkömmlichen Denken, Einfluss der Kirche und Umfeld lösen. Erst die Aufarbeitung der „Spiegelaffäre" von 1962, die sich nicht als ein „Abgrund von Landesverrat" (Adenauer), sondern als ein Lügen- und Machtgespinst Franz Josef Strauß' erwies, sein Fall und schnelles Wiederaufstehen in der Großen Koalition von 1966, die Beschimpfungen der Schriftsteller als „Pinscher, Banausen und Nichtskönner" durch Ludwig Erhard bzw. als „Ratten und Schmeißfliegen" durch Strauß u. a. öffneten mir die Augen. Mit dieser christlichen Partei konnte ich mich nicht mehr identifizieren. Auch in den folgenden Jahrzehnten fand ich diese Partei für mich unwählbar, da sie selten auf der Seite der Schwachen und bei Demonstrationen gegen Rechts oft abseits stand, Personen als Repräsentanten hatte – wie Strauß, Stoiber, Seehofer, Söder –, die für mich indiskutabel, insgesamt zu weit rechts im politischen Spektrum angesiedelt waren und sind. Ich bedauerte damals, dass die Trennung der CSU von der CDU in Wildbad Kreuth rückgängig gemacht wurde. Vielleicht wäre eine CDU in Bayern für mich wählbar gewesen. Nicht zuletzt durch die Außenpolitik Brandts, seine Ostpolitik, die ich voll bejahte, wandte ich mich immer mehr der SPD zu (obwohl mir damals – im Gegensatz zu heute – die FDP wegen ihrer Liberalität gefiel) und entschloss mich schließlich, dieser Partei beizutreten. Ich schrieb deshalb dem Ortsverein der SPD in Großgründlach – von 1968 bis 1971 wohnte ich dort mit meiner Mutter im Haus meiner Schwester und meines Schwagers –, führte ein Telefongespräch mit dem Ortsvorsitzenden, der versprach in den nächsten Tagen bei mir vorbeizukommen und mich als Mitglied aufzunehmen. Anscheinend vergaß er mich aber – und so bin ich bis heute kein Mitglied einer politischen Partei. Ich bin nicht traurig darüber, denn wenn ich die bayerische SPD betrachte, schlägt mein Herz, das sonst durchaus links schlägt, keineswegs schneller, sondern zeigt eher Lähmungserscheinungen und ich habe nur Mitleid mit ihr. Außerdem fürchte ich, dass Parteimitgliedschaften das eigene Denken einengen.

In diesen Jahren um 1970 waren meine Freunde und ich politisch sehr aktiv. Wir arbeiteten im „Politischen Arbeitskreis des BDKJ" in der Diözese Eichstätt intensiv mit, erstellten und verteilten Flugblätter für die Herabsetzung des Wahlalters von 21 auf 18, mischten uns bei der Bundespräsidentenwahl von 1969 ein, indem wir uns an die Landtags- und Bundestags-Abgeordneten wandten, riefen durch einen Leserbrief in der Kirchenzeitung einen Sturm der Entrüstung hervor, weil wir vorschlugen, pornographische Sendungen im Fernsehen nicht zu verbieten, sondern von der Möglichkeit des Abschaltknopfes Gebrauch zu machen. Der Chefredakteur sah sich genötigt, in seiner Rubrik „Lieber Leser" Stellung zu nehmen:

„... so hat die Kritik der drei jungen Leute vom „Politischen Arbeitskreis" wieder Federhalter und Telefone in Bewegung gebracht. Manche haben mir einen Vorwurf daraus gemacht, dass wir den Brief überhaupt abgedruckt haben. Andere haben sich mit mehr oder weniger druckreifen Formulierungen über die Absender geäußert ..."

Durch unsere „Non-Political-Correctness" erreichten wir schließlich, dass dieser Sachausschuss aufgelöst wurde, was wir natürlich nicht beabsichtigt hatten.

Mit anderen Freunden mischten wir uns in eine Auseinandersetzung in Feuchtwangen ein. Der Landrat Paul Keim setzte eine Lyrik-Matinee des russischen Dichters Wladimir Majakowski im Kreuzgang ab. Wir witterten – zu Recht oder nicht – schlimmsten Antikommunismus und schrieben einen Brief an Keim, der gleichzeitig an das „Acht- Uhr-Blatt" weitergereicht wurde. Dort erschien der Brief auch; er wurde u. a. eingeleitet mit dem herrlichen Satz: „Ein Beitrag hierzu ist der offene Brief, den zehn kulturelle Jungtürken an den Landrat verfasst haben." Da wir glaubten den Landrat belehren zu müssen, legten wir unserem Protestbrief eine Monographie über Majakowski bei, die er jedoch nicht annahm und zurücksandte. Natürlich mussten wir auch Keims neuen Brief wieder sezieren und schriftlich beantworten.

Die Zeit war wirklich hochpolitisch. Und mein politisches Interesse war endgültig geweckt.

Gegen Franz Josef Strauß stellte ich Strafanzeige wegen seiner Beschimpfung der Schriftsteller. Als ich nach Monaten einen Brief der Staatsanwaltschaft erhielt, war ich etwas nervös, da ich gar nicht mehr an diese Anzeige dachte. Sie ist natürlich niedergeschlagen worden. Schade!

In diesen Jahren schrieb ich viele Leserbriefe, meist in den „Nürnberger Nachrichten", aber auch in so gegensätzlichen Zeitungen wie im „Bayernkurier" der CSU oder im „Vorwärts" der SPD. Selbst mit dem Vater meines Freundes Gunther, Dr. Sieghard Rost, damals Landtagsabgeordneter der CSU im Bayerischen Landtag, geriet ich in die Haare wegen der Anerkennung der DDR, für die ich mich öffentlich aussprach, weil ich glaubte, dass dadurch den Ostdeutschen mehr Freiheitsrechte gewährt würden. Es gab aber auch so viele Themen, wozu man sich unbedingt äußern musste! Es ist heute nicht anders – aber ein wenig Resignation hindert mich daran, weiterhin dafür Zeit aufzuwenden. Allerdings ist die Reaktion auf öffentliche Briefe oft interessant. Mein erster Leserbrief, den ich noch als Schüler schrieb, begann etwas pathetisch:

„Mit gemischten Gefühlen las ich Ihren Bericht über die Zwangsräumung in Hilpoltstein vom 28. April 1964. Daß so etwas geschieht – in einer betont katholischen Stadt – hat mich aufs Äußerste befremdet. Daß so etwas geschehen kann in einem demokratisch aufgebauten System, ist mir einfach unverständlich."

Mich hatte vor allem geärgert, dass die Möbel der betroffenen Frau bei Regen auf die Straße gestellt worden sein sollen. Der 1. Bürgermeister der Stadt Hilpoltstein sah sich genötigt zu antworten, aber mich zuerst zu tadeln:

„Noch mehr als den Artikelschreiber K. G. aus Thalmässing die Zwangsräumung, hat es mich „auf's Äußerste befremdet", daß ein Bürger einer fremden Gemeinde sich in die Belange der Stadt Hilpoltstein einmischt und dem Bürgermeister Belehrungen oder gar Rügen erteilen will. Ich empfehle dem Artikelschreiber, sich künftig für die kommunalen Belange seiner Gemeinde zu interessieren und darüber in Leserbriefen, wenn er es für notwenig erachtet, Kritik zu üben."

Im Laufe seines Briefes wurde er noch persönlich:

„Wenn der Artikelschreiber ein so großes menschliches Mitempfinden (Nächstenliebe) an den Tag legt, warum hat er sich nicht spontan bereit erklärt, der armen hart getroffenen Person bei ihm ein Obdach zu gewähren?"

Leserbriefe sind sehr wichtig, weil sie Meinungen in aller Öffentlichkeit wiedergeben. Die Politiker erfahren wenigstens, dass nicht immer Übereinstimmung zwischen Regierenden und Regierten herrscht, wie sie gerne glauben (machen). Ob sie direkt etwas bewirken? Wohl kaum. Aber der Zeitungsleser kommt vielleicht ins Grübeln, wägt die unterschiedlichen Meinungen ab. Dann ist schon viel erreicht.

Bei den Englischen Fräulein

Von einem Tag auf den anderen beschäftigte ich mich nicht mehr mit Hüten, sondern stand plötzlich vor Mädchenklassen. Ein junger Lehrer, der über kein allzu großes Wissen verfügte, das in der Schule verlangt wird, gerade mal zehn Jahre älter als seine ältesten Schülerinnen! Ersteres konnte durch viel Arbeit kompensiert, letzteres als ein Pfund, mit dem man wuchern kann, verstanden werden. Mir gefiel die Arbeit mit den jungen Menschen so, dass ich nach zwei Monaten, zu Beginn der Sommerferien 1971, überzeugt war, der Lehrberuf sei die richtige Wahl für mich. Zuvor hatte ich noch gezögert, ob ich nicht doch zur Presse oder zum Goethe-Institut gehen sollte. Beide Möglichkeiten hatten bestanden. Dr. Drexel, der Herausgeber der „Nürnberger Nachrichten", hatte mir zwar geraten, noch das Staatsexamen abzulegen, aber nicht zur Bedingung gemacht. Das Goethe-Institut hatte einen kleinen Kreis von vielen Interessenten ausgewählt und für eine Woche an den Starnberger See eingeladen. Ich wäre „genommen worden", hätte mir nur noch eine weitere Fremdsprache aneignen müssen. Ich entschied mich jedoch für die Schule, das heißt ich unterrichtete in den nächsten Jahren und bereitete mich parallel für das Examen vor. 1974 hatte ich dieses schließlich in der Tasche und ließ mich in den beiden folgenden Jahren zum Studienreferendar in Nürnberg, Nabburg und Parsberg ausbilden.

1976 trat ich wieder vor die Klassen des Instituts der Englischen Fräulein in Nürnberg, das seit 1966 Maria-Ward-Schule heißt – aber diesmal als ordentlicher Lehrer mit den nötigen Zeugnissen und Stempeln. Und zwar für genau dreißig Jahre.

Im Laufe dieser drei Jahrzehnte lernte ich vielleicht zwei- bis dreitausend junge Menschen kennen, manche sehr gut, manche nur oberflächlich. Das hing von der Anzahl der Unterrichtsstunden, der Dauer der gemeinsamen Arbeit (manchmal nur ein Schuljahr, manchmal über Jahre hinweg), des unterrichteten Fachs und natürlich auch der Sympathie bzw. emotionalen Distanz ab. Als Lehrer darf ich nicht erwarten, dass ich allen sympathisch bin, dass mich alle gleichermaßen schätzen, ja ich muss damit rechnen, dass ich auch Antipathie hervorrufe. Der Schüler darf mich unsympathisch finden, ich als Lehrkraft umgekehrt eigentlich nicht, zumindest darf ich es nicht spüren lassen, auch wenn es nicht einfach ist. Priorität sollte die Gerechtigkeit haben. Wenn das gelingt, dann ist eine gute Basis für gedeihliche Arbeit geschaffen. Aber noch wichtiger ist die Liebe zu den Kindern und Jugendlichen. Sie haben ein gutes Gespür dafür. Nicht weniger wichtig ist die Einstellung des Lehrers zu seinen Unterrichtsfächern. Wenn die Schüler merken, dass er seinen Stoff ohne großes Interesse vermittelt, dann braucht er sich nicht zu wundern, wenn sie ebenfalls Gleichgültigkeit zeigen.

Ich ging stets gerne in die Schule, das heißt ich unterrichtete gerne, versuchte, den jungen Menschen möglichst viel von den Wundern und Absonderlichkeiten unserer Welt aufzuzeigen, sie in die Welt der Literatur einzuführen, historische Zusammenhänge zu erklären. Ich denke, das Vermitteln, das Zeigen-Wollen ist der Urgrund des Lehrens. Und dazu kam für mich das Hauptziel meiner Arbeit, dem letztlich alles andere unterzuordnen ist: die Schaffung eines kritischen Bewusstseins. Natürlich kann jede Lehrkraft nur einen kleinen Beitrag dazu leisten, aber wenn dieses Ziel nicht das eigentliche Ziel einer Schule ist, kann sie ihre Tore zusperren.

An meiner Schule war schon immer der ganze Mensch gemeint, wenn von Erziehung gesprochen und wenn sie ausgeübt worden ist, ohne den jetzt modischen Begriff „ganzheitliche Erziehung“ ständig im Munde zu führen. Auch wir verlangten Leistung, aber sie war nicht das Goldene Kalb, um das wir Lehrkräfte tanzten. Ursache dafür mag die Ordensgründerin Mary Ward (1585 – 1645) sein, die ihre Aufgabe u.a. darin sah, Fähigkeiten der Mädchen nicht brach liegen zu lassen, ihnen Bildung zu vermitteln, um in dieser Welt die ganze Person einbringen zu können. Sie sagte einmal:

„Es besteht kein derartiger Unterschied zwischen Männern und Frauen, als ob letztere nichts Großes leisten könnten … und ich hoffe zu Gott, dass man auch in Zukunft Frauen Großes vollbringen sehen wird.“

Ich denke, dass es uns in der Regel gelang – und hoffentlich auch weiterhin gelingt –. junge selbstbewusste Frauen aus der Schule zu entlassen. Dazu trug sicher auch die gute Atmosphäre bei, die unter meinem Direktor Albert Schuster, der von 1969 – 1994 die Leitung innehatte, herrschte. Er war in erster Linie Priester, hatte für jeden ein Ohr, jede Schülerin konnte zu ihm kommen, wenn sie ein schulisches oder privates Problem hatte, und er versuchte zu helfen, wo es nur ging.

Der soziale Aspekt spielte an meiner Schule insgesamt eine große Rolle. Ich kann mich an lange Sitzungen erinnern, in denen das Kollegium um Problemlösungen für eine einzige Schülerin rang. Zu vielen Lehrkräften konnten die Mädchen jederzeit kommen, um über Sorgen schulischer oder familiärer Art zu sprechen. Konkrete Hilfsmaßnahmen wurden durchgeführt. Ich kann mich zum Beispiel an eine Aktion erinnern, in der wir Lehrkräfte für eine aus Rumänien übergesiedelte Familie Möbel und Hausrat sammelten und an einem Sonntagvormittag mit einem eigens gemieteten Transporter zur Wohnung fuhren. Andere gaben Mädchen aus Vietnam oder dem Kosovo kostenlos Nachhilfe-stunden. Ein finanzielles Netz wurde aufgebaut, um Schülerinnen in Not zu unterstützen, etc. Unsere Schule war nicht nur eine Institution, die Wissen vermittelte – und das war der Grund, weshalb ich dort arbeiten wollte.

Ist es überhaupt nötig, dass heute Orden bzw. die Kirchen Schulen anbieten? Im Prinzip nein, wenn es nur um die Wissensvermittlung geht, denn jedes Kind findet eine geeignete Schule. Und doch ist die Frage zu bejahen, aber die Akzente haben sich verschoben. Es gibt heute so viele Kinder mit problematischem familiären Hintergrund, dass kirchliche Schulen mindestens ebenso nötig sind wie früher. Außenstehende haben oft gar keine Ahnung, welche Lasten bereits kleinen Kindern aufgebürdet werden: der Alkoholismus der Mutter, der Streit der Eltern, die Eskapaden des Vaters, Krankheit, Einsamkeit, fehlende Liebe … Geld ist in den seltensten Fällen ein Problem. Deshalb müssen die heutigen Schulen neben ihrer eigentlichen Aufgabe der Wissensvermittlung immer mehr Aufgaben übernehmen. Dazu zählt in besonderem Maße soziale Betreuung. Diese kann vielleicht eine kirchliche Schule aufgrund ihres religiösen Hintergrunds eher leisten als eine öffentliche, zumal wenn noch Ordensleute, in unserem Fall Schwestern, in die Arbeit mit eingebunden sind. Freilich wurden sie im Laufe der Jahre immer weniger.

Natürlich wurden und werden auch bei uns Fehler gemacht, falsche Entscheidungen getroffen, Kinder in ihrer Würde verletzt. Es waren sicher auch nicht immer nur die anderen, deren Verhalten kritikwürdig war. Ich kann mich erinnern, dass ich aus irgendeinem Grund in einem Leistungskurs sehr ärgerlich war und dies auch deutlich äußerte. Anschließend war Pause und ich dachte über meine Strafpredigt nach, die ich selbst überzogen fand. Als die Mädchen wieder versammelt waren, entschuldigte ich mich deshalb. Nach der Stunde suchte mich die Kurssprecherin auf und signalisierte mir, dass dies die Mädchen gut gefunden hätten. Ich denke, es ist nicht schlimm, wenn man Fehler macht, aber man muss darüber sprechen können und dürfen – und dann muss die Angelegenheit der Vergangenheit angehören bzw. man muss versuchen sie zu ändern.

Viele fragten mich erstaunt: Wie kannst du nur an einer Klosterschule unterrichten? Bereits die Fragestellung impliziert vermutete Einseitigkeit und Enge. Doch Vorsicht! Äußerlich sieht man der Schule die Privat- und Klosterschule (seit 1992 gehört sie dem Bistum Bamberg) nicht an, außer dass sie sehr sauber und gepflegt ist; die Mädchen sind gekleidet wie alle anderen und wie es der Trend erfordert, sie tragen keineswegs Kutten, wie man in der Stadt gerne kolportiert; sie sprechen die Sprache, die alle Jugendlichen sprechen; sie schreiten keineswegs mit gefalteten Händen durch die Gänge. Aber wir hören immer wieder von Fremden, dass ein sehr höflicher Ton herrsche und die Mädchen sehr freundlich seien. Ich als Lehrer konnte an dieser Schule – salopp formuliert – machen, was ich wollte. Niemals wurde mir in meine Arbeit hineingeredet. Wenn ich im Direktorat eine Exkursion anmeldete und pro forma um Erlaubnis bat, war Herr Schuster stets der Meinung die jungen Menschen müssten wissen, dass es noch eine Welt außerhalb des Klassenzimmers gebe. An anderen Schulen können viel mehr Einschränkungen und Enge – wie ich von befreundeten Kollegen, aber auch von Schülern weiß – herrschen. Hier konnte ich mich entfalten und verfügte über die nötige Freiheit, die ich für meine Arbeit brauchte. Ich hatte mich freiwillig für diese Schule entschieden, ich hätte jederzeit wieder gehen können – aber warum hätte ich dies tun sollen?

Schule ist in der Regel ganz anders, als sie immer angeprangert wird. Und Lehrer sind nicht immer die engen, verschrobenen Pauker, die für Schülerscherze geeignet sind, mit denen man aber außerhalb des Klassenzimmers nichts zu tun haben möchte. Bilder, die freilich tradiert werden bis zum heutigen Tag – aber völlig an der Wirklichkeit vorbeigehen, mögen auch einzelne Lehrkräfte ihren Beruf verfehlt haben. Wenn ich an meine einstigen Kolleginnen und Kollegen zurückdenke, überwiegen bei weitem Engagement, Kompetenz und Hinwendung zum jungen Menschen. Auch ich bin mit einer Reihe von ehemaligen Schülerinnen über Jahre, mit einigen über Jahrzehnte hinweg befreundet. Darunter sind auch welche, die von mir einst negative Noten erhielten. Man kann also Sympathie und menschliche Verbundenheit nicht einfach von Noten ableiten. Die Schüler wissen sehr wohl zwischen dem Verhalten der Lehrkraft und den Sachzwängen, in der sie steckt, zu unterscheiden. Dass das Schulsystem, wie es bei uns seit Ewigkeiten besteht, längst überholt ist und zum Problem wird, ist eine andere Sache – aber das wissen auch viele Schüler.

Meine schulische Arbeit wurde ein wenig erleichtert, weil unsere Schule eine reine Mädchenschule – übrigens die einzige Nürnbergs – war und ist: Disziplinäre Probleme gab es deshalb fast keine. Ansonsten unterschied sich unser „Nonnenbunker", wie Spötter gerne unkten, in nichts von anderen Schulen. Ich unterrichtete hier wie dort in interessierten und etwas langweiligen, in freundlichen und distanzierten, in sehr guten und weniger guten Klassen. Die Mädchen sind in der Pubertätsphase nicht zickiger als anderswo. Und traurige Mauerblümchen wegen fehlender männlicher Klassenkameraden sind sie gewiss nicht. Interessant war für mich, der ich eigentlich ein Vertreter der Koedukation war und bin, dass Mädchen sogar gegen den Willen ihrer Eltern zu uns kamen, weil sie in Ruhe lernen wollten. Diese Haltung schloss aber den Freund nicht aus. Man darf eine heutige Kloster-Schule nicht mit der früherer Jahrzehnte vergleichen. Damals – ich weiß das von meiner Frau, die selbst Schülerin bei „den Englischen" war – achtete man natürlich noch streng auf eine „züchtige Kleidung" und auf eine sehr zurückhaltende Begegnung mit dem anderen Geschlecht. Da wäre es undenkbar gewesen, wenn etwa bei einem Klassenausflug vor Abfahrt des Omnibusses die Schülerin in den Armen des Freundes gelegen und herzzerreißend Abschied genommen hätte. Heute stört das niemanden. Überhaupt war ich immer wieder überrascht, wenn Jungen anderer Schulen sich bei irgendwelchen Feiern erstaunt zeigten, wie großzügig es bei uns zugehe. Auch sie glaubten an den „Nonnenbunker" mit den frommen Mädchen in Kutten, obwohl sie es doch besser wissen müssten.

Dass an den über die gesamte Welt verstreuten Schulen der Englischen Fräulein nur Mädchen unterrichtet werden, gehört nicht zu ihren unveränderbaren Prinzipien. Der Orden unterhält anderswo sehr wohl Schulen mit Mädchen und Jungen. Aber bei uns bestand wegen der großen Nachfrage keine Notwendigkeit, eine aufwändige Umstrukturierung vorzunehmen. Und nicht zuletzt glaubt die moderne Pädagogik, dass Mädchenklassen im naturwissenschaftlichen Bereich bessere Ergebnisse erzielen als koedukative Klassen. Wir pflegen also keine altmodische Pädagogik, sondern sind topaktuell!

Literarisches

Als Deutschlehrer setzte ich meine Akzente auf die Literatur. Ich halte sie für wichtiger als die Feinheiten der Grammatik. Die jungen Menschen sollen durch die Literatur die breite Palette des Lebens kennen lernen, aber auch erfahren, dass Sprache etwas Lebendiges, etwas Vielseitiges und etwas Ästhetisches ist. Wenn man sich bei der Wahl einer Lektüre nicht völlig vergriffen hat, stößt man auf das Interesse der Schüler. Häufig machen Lehrer jedoch den Fehler, wobei sie vom Lehrplan unterstützt werden, ihnen Literatur vorzulegen, wofür sie noch zu jung sind. Dann freilich kann leicht Langeweile aufkommen. Bedauerlich ist auch, dass im Unterricht fast nie vorgelesen wird. Ich habe die Erfahrung gemacht, dass selbst die Kollegiatinnen intensiv zuhören, wenn man ihnen einmal eine Geschichte vorliest. Sprache, zumal gute Sprache, muss auch mit den Ohren erfahren werden. Unser Deutsch-Unterricht ist in der Regel ein Hasten von einer Aufsatzart zu anderen, dazwischen wird rasch die Besprechung einer Lektüre geschoben, um wieder irgendeine Schulaufgabe schreiben zu können. Da die Anzahl der Deutsch-Stunden knapper ist als in früheren Zeiten, braucht man sich nicht zu wundern, dass die Erfolge nicht umwerfend sind und das Interesse manchmal dünn ist. Überhaupt gewinnen Schüler den Eindruck, Schriftsteller verfassen nur deswegen Texte, damit der Deutschlehrer sie analysieren und mit ihnen Schüler quälen kann. Zur Katastrophe wird es, wenn der Lehrer noch auf die Idee kommt, die gesamte Lektüre abschnittweise von Schülern vorlesen lässt. Deren Stottern und Stammeln töten die schönste Sprache, den spannendsten Inhalt und lässt bei allen nur noch den Wunsch aufkommen, die Stunde möge möglichst bald zu Ende sein.

Um allen Zwängen zu entgehen, bot ich den Mädchen der Oberstufe über viele Jahre den Kurs „Deutsche Literatur und Theater“ an. Wir machten uns gemeinsam Gedanken über das zu wählende Semesterthema, ich stellte dann eine Literaturliste zusammen, die Gesprächsleitung wechselte von Stunde zu Stunde und wir konnten uns ausschließlich mit den Primär-Werken befassen. Manchmal bauten wir eine Verfilmung oder ein Tondokument ein und verglichen Text und Bearbeitung miteinander. Außerdem schloss die Teilnahme am Kurs ein Theater-Abonnement ein. Die Stücke selbst, die Inszenierung, die Leistung der Schauspieler wurden natürlich auch besprochen. Diese vielseitigen Stunden waren ein Gewinn für alle Beteiligten, also auch für mich. In einer Offenheit, die selbst mich manchmal erstaunte, wurden in einer angenehmen Atmosphäre Themen aller Art angesprochen und diskutiert. Es gab keine Tabus. Und ich war nicht der Lehrer, der große Meister, der alles weiß, sondern nur primus inter pares. Das war Schule wie sie sein sollte!

Um den Mädchen zu zeigen, dass Literatur nichts Starres ist, dass man mit ihr spielen kann, dass sie nicht immer todernst genommen werden muss, aber auch dass sie vielseitig ist, habe ich eine Veranstaltungsreihe kreiert, die fast eineinhalb Jahrzehnte bestand. Sie hieß „Literarisches Café". In lockerer Atmosphäre, eben Kaffeehaus-Atmosphäre, trugen wir Texte vor, spielten sie gelegentlich ein wenig an – mit sehr wenigen, oft ganz einfachen Requisiten – hatten großen Spaß dabei und vermittelten offensichtlich Freude, denn das Publikum unserer Abende wurde zum Stammpublikum und vergrößerte sich ständig. Manchmal stand der Abend unter einem Motto, etwa „Männer!", „Erlkönig, Zauberlehrling und Konsorten" oder „Glatze – Locken – Bürstenschnitt. Ein haariger Abend", manchmal war er einem Dichter gewidmet, wie „Brecht-ige Zeiten!", „Harry wird zweihundert" (gemeint ist Heine) oder „In meinen Träumen läutet es Sturm – Mascha Kaléko". Manchmal nahmen wir Bezug zur Aktualität. Zur Einführung des Euro luden wir zum Abend ein „Verfluchter Mammon – Das liebe Geld!", im Schillerjahr stand „Schiller(ndes) und Sonstiges" auf dem Programm". Manchmal wurden wir politisch: „Der Rebbe tanzt – nicht mehr. 9.11.1938 – 9.11.1998" oder „Deutschland – Deutschland. 1961 – 1989 – 1999". Der anstrengendste Abend war „Das große Fressen oder feiner Das literarische Bankett", denn während wir unsere Texte vortrugen, mussten wir ununterbrochen essen. Mir war am nächsten Tag ganz schlecht.

Das Team bestand aus Schülerinnen, einigen mitwirkenden Lehrkräften und der Lehrerband, in der auch wiederum gelegentlich Schülerinnen ein Instrument spielten oder sangen. Gerade dieses Miteinander von Schülerinnen und Lehrkräften, das gemeinsame Proben einer Szene, wobei es oft sehr heiter zuging, der gemeinsame Erfolg trugen zum partnerschaftlichen Verhältnis bei. Auch das ist Schule!

Und ich war oft beeindruckt, wie selbstbewusst die Mädchen auftraten, Pannen souverän überspielten und sprachlich vielleicht mancher Schauspielerin mindestens ebenbürtig waren. Bedauerlich war nur, dass die Namen der Mädchen immer wieder aus dem Programm verschwanden, weil sie das Abitur abgelegt hatten. Ich war traurig, musste wieder eine neue Truppe aufstellen – und wieder fanden sich herausragende Talente und boten tolle Leistungen. Wenn es der Schule nur insgesamt gelänge, das vorhandene Potential der jungen Menschen zu nützen! Wir lassen so viel verkümmern!

Die Mädchen, aber auch Kollegen und Interessierte waren erstaunt, worüber es literarische Texte gibt. Als ich zum Beispiel sagte, mich würde als Thema „Haare" oder „Geld" reizen, glaubte niemand, dass ich genügend Texte für ein abendfüllendes Programm finden würde. Ich konnte sie eines Besseren belehren. So lernten die Mädchen – eher spielerisch – die Fülle der Literatur kennen, setzten sich mit Text und Sprache auseinander und lernten das Auftreten vor einem Publikum.

1979 fragte mich der Leiter des damaligen Studienzentrums Heilig Geist, Dr. Ludwig Markert, ob ich nicht Lust hätte, an dieser evangelischen Bildungseinrichtung für Erwachsene literarische Seminare anzubieten. Nach einiger Überlegung sagte ich zu. Unter dem Titel „Gespräch am Nachmittag“ bot ich an vier Nachmittagen das Thema „Weltliche Prosa und Lyrik von Gott in der modernen Literatur“ an. Nach einer kleinen Pause folgte im Goethejahr 1982 „Nachmittags bei Goethe“. Nie werde ich die alte Dame, eine einstige Frankfurterin vergessen, wie sie mir am Ende der letzten Sitzung einen kleinen Strauß weißer Rosen zum Dank verehrte.

Seitdem steht im Programm der „Evangelischen Stadtakademie“, wie das Studienzentrum seit 2006 heißt, mein Angebot unter dem Titel „Literatur am Nachmittag“. Es ist so etwas wie ein Selbstläufer geworden. Wegen der großen Nachfrage müssen die zwei Seminarreihen pro Jahr, vier bis sechs Nachmittage, jeweils wiederholt werden. Es hat sich außerdem im Laufe der Zeit ein Stammpublikum gebildet, das mit wenigen Ausnahmen aus Frauen besteht. Männer scheinen schwerer Zugang zur Literatur oder zu einer Gruppe, die sich mit Literatur befasst, zu finden. In diesem Seminar geht es in erster Linie um das Gespräch über das jeweils gelesene Buch, das heißt ich verstehe mich als Moderator und nicht als Vortragender. Ich bin auch heute noch beeindruckt, wie gründlich die Teilnehmer(innen) die Bücher lesen und wie ernsthaft sie sich mit ihnen auseinandersetzen. Außerdem fasziniert mich, wie es der Literatur gelingt, dass Menschen, die sich erst einmal fremd sind, sich öffnen und oft sehr Privates in die Diskussion einbeziehen. Es hat Jahre gegeben, in denen ich dieses Literaturseminar unmittelbar nach meinem Literaturkurs in der Schule abhielt. Zuerst hatte ich einen Kreis junger Menschen vor mir sitzen, die mit all ihrem Optimismus, ihrer Lebenslust, ihrem Elan an die Literatur herangingen, und anschließend Erwachsene, die bei der Besprechung eines literarischen Werkes ihre Lebenserfahrung, die sie über Jahrzehnte gewonnen hatten, einbrachten. Da liegen wirklich Welten dazwischen. Aber die Freude an Literatur ist dieselbe!

Bei der Zusammenstellung des Programms lasse ich mich entweder von Jubiläen leiten – etwa „Ein wenig Schiller muss sein“ – oder mehr von Themen bzw. Motiven wie „Macht“ oder „Liebe“ oder „Jüdisches Schicksal“. Gelegentlich orientiere ich mich an literarischen Gattungen – „Kurzgeschichten und Lyrik“ – oder an Epochen wie „40 Jahre Nachkriegsliteratur“. Wie es aussieht, wird dieses Seminar noch etliche Zeit existieren.

Wenn man einer Anfrage nachkommt, dauert es meist nicht lange, bis eine zweite folgt. Das Studienzentrum lud über lange Zeit Schriftsteller zu Lesungen ein und schließlich wurde ich gebeten, diese zu moderieren. Auch das war eine interessante Aufgabe, vor allem weil man sich nach der Lesung noch zu einem Glas Wein im Lokal „Heilig Geist“ zusammensetzte und die Schriftstellerin oder den Schriftsteller etwas von der privaten Seite kennen lernte. Sehr heiter war die „Nachbereitung“ mit Peter Härtling, etwas langweilig mit Carl Amery, verhalten, aber sehr interessant mit dem DDR-Autor Günter de Bruyn (den ich vor der Lesung erst fragen musste, wie sich sein Name ausspricht). Unvergesslich das Gespräch mit Ingeborg Drewitz, einer bescheiden auftretenden und doch so wortmächtigen Frau, im ganz kleinen Kreis.

In dieser Zeit schrieb ich auch die eine oder andere Kritik über Dichterlesungen. Ich erinnere mich an die nervige Christine Brückner, an den herrlich rasch, auf einer Tonhöhe lesenden Horst Krüger, an den temperamentvollen Wolfdietrich Schnurre, an den feinsinnigen Karl Krolow, an den lebhaften Horst Bienek, mit dem ein Zuhörer unbedingt in eine Klasse gegangen sein wollte, was dieser aber energisch bestritt. Noch sehe ich Heinz Piontek vor mir, der im Türrahmen stehen blieb und entsetzt war über die geringe Anzahl der Hörer, wo er doch sonst in München vor Hunderten von Interessierten lese, worauf er von einem Gast zur Antwort erhielt: „Ach, Herr Piontek, denken Sie sich nichts, bei Herrn Kesten waren es noch weniger!“ Die Lesung war dennoch ein Erfolg für die Anwesenden!

Überhaupt sind Lesungen sehr spannend. Sie können enttäuschend sein, weil der Autor dem gemachten Bild nicht entspricht, schlecht liest, die Lesung offensichtlich als Zumutung empfindet; sie können aber auch vergnüglich sein, weil der Autor Humor hat, mit dem Publikum Kontakt aufnimmt, das Gespräch sucht. Am meisten enttäuschte mich Sarah Kirsch, die nur ins Buch starrte, als sie ihre Gedichte vorlas, und ansonsten kein Wort sprach. Der mir wichtige Manés Sperber las leider ziemlich schlecht – im Gegensatz zu Urs Widmer, der wie ein Schauspieler agierte. Die Lesung Luise Rinsers geriet fast zur Tragödie, weil die Mikrofonanlage nicht mitspielte. Äußerst sympathisch war die lebhafte Hilde Domin, die mit achtzig Jahren noch mehr Temperament als manche Junge hatte. Siegfried Lenz zuzuhören war ein Genuss, aber nach dem letzten Satz sprang er auf, packte seine Kunststofftüte und verschwand, einem Gespräch wollte er offensichtlich entgehen. Die Lesung Reich Ranickis – wobei er keine Zeile las – geriet zur komödiantischen Veranstaltung, freilich mit Tiefgang, während Reiner Kunze seine Gedichte zelebrierte und dem Abend dadurch eher eine feierliche Note gab. Da bekanntere Schriftsteller heute auch im Fernsehen auftreten oder wenigstens zu sehen sind, ist natürlich das Überraschungsmoment verloren gegangen. Früher war man gespannt, wie sieht er oder sie aus, handelt es sich um eine selbstbewusste Persönlichkeit oder mehr um eine unscheinbare Person.

Die wirklich schönste literarische Veranstaltung erlebte ich mit meiner Frau und meinem Freund Wolfgang, auch einem Büchernarren, 1990 im historischen Großen Rathaussaal. Die Stadt Nürnberg richtete ein Fest zum 90. Geburtstag von Hermann Kesten aus. Freilich gab es zuvor Verdruss. Erst nach einem geharnischten Brief an die Stadtverwaltung, in dem ich mich beschwerte, dass zwar Politiker zum Festakt eingeladen würden, die vermutlich noch keine Zeile von Kesten gelesen hätten, wir Deutsch-Lehrer, die wir uns bemühten, sein Werk weiterzugeben, stünden jedoch abseits, erhielt ich Karten. Der Glanz der Feier ließ den Ärger rasch vergessen. Geburtstagsgäste waren Hilde Spiel, Willy Brandt, Carl Amery, Horst Bienek, Walter Jens, Thilo Koch, Marcel Reich-Ranicki. Das war ein Fest! Ein Fest des Intellekts und der Phantasie! Ob Hermann Kesten die lobenden Worte im einzelnen noch so mitbekam, bin ich mir nicht sicher, aber er machte einen sehr zufriedenen Eindruck. Es hat mich tief befriedigt, dass ein Mann, der nur wegen seiner Religion ins Exil musste und der sehr vielen anderen im Exil zu helfen versuchte, in seiner Heimatstadt auf diese Weise geehrt wurde. Wenigstens ein Hauch von Gerechtigkeit! Am Ende der Matinée half ich spontan Marcel Reich-Ranicki in den Mantel und irritierte ihn ein wenig, als ich ihn fragte, ob er zu eitel sei, sich helfen zu lassen.

Eine ähnliche geballte geistige Prominenz erlebten meine Frau und ich fünf Jahre später in der Akademie der Künste in Berlin. Dort ging es nicht um ein literarisches Thema, sondern um das persönliche Erlebnis des Kriegsendes. Auf dem Podium saßen die Literaten Peter Härtling, Stefan Heym, Walter Jens, der Dokumentarfilmer Erwin Leiser und aus dem Bereich der Musik Dietrich Fischer-Dieskau und Gisela May und erzählten ihre Erinnerungen.

Literatur ist erst einmal eine geistige Angelegenheit – und dennoch ist sie nicht frei von Sinnlichkeit. Schon ihr Materialträger, das Buch, reizt unsere Sinne: die Aufmachung des Covers, die Qualität des Papiers, das Druckbild, die gewählte Type, selbst der Geruch. Schon deshalb wird der Computer niemals das Buch verdrängen können. Wie viel mehr wird die Emotion angesprochen, wenn man im Zimmer eines Schriftstellers steht. Ich sah eine Reihe von Dichterstätten, die sich dem Besucher mehr oder weniger original darboten: das Goethehaus am Frauenplan in Weimar, die Wohnung von Anna Seghers in Berlin-Adlerhof, das Johann-Peter-Hebel-Haus bei Lörrach, die Wohnung Georg Trakls in Salzburg und die von Gerhart Hauptmann in Erkner usw. Doch keine Stätte war so unmittelbar berührend wie das kleine Haus Arnold Zweigs in Berlin. Wir läuteten im Frühjahr 1992 am Gartentor, eine junge Frau öffnete uns und bat uns freundlich einzutreten, wir stiegen zwei, drei Stufen hoch und gingen durch die Diele ins Wohnzimmer. Auf dem Schreibtisch lagen einige Bücher und die Brille, wir brauchten nur noch auf den Hausherrn zu warten – der freilich schon längst tot war. Wir führten ein längeres Gespräch mit der jungen

Frau, einer Angestellten, die andeutete, dass die Stadt Berlin beabsichtige, diese Stätte, die der Osten über Jahrzehnte gepflegt hatte, aufzulösen. Und tatsächlich las ich später in der Zeitung, dass dieser barbarische Akt vollzogen worden war. Die Bücher, die so liebevoll in den Regalen sortiert waren, schlummern heute vermutlich in irgendeinem Magazin. Abgesehen von der Instinktlosigkeit, das zu zerstören, was vielen Menschen im Osten wichtig war, beweist ein solches Handeln Gefühlskälte. Man fragt sich, warum Goethe-, Schiller- und ähnliche Stätten nicht auch geschlossen werden; geht es nur um Rentabilität? Und was werden unsere Kinder und Enkel einst zu unserem Verhalten sagen?

Literatur – ein weites Feld! Glücklich der, der zu ihr gefunden hat. Ich bin glücklich!

Vorbilder

Jeder hat im Laufe seines Lebens mit unendlich vielen Menschen zu tun. Gegenüber dieser Anzahl verschwinden fast die, mit denen wir mehr oder weniger länger zusammenleben. Noch geringer ist die Zahl unserer nahen Bekannten und Freunde, die unser persönliches Leben mitprägen und gestalten. So sehr wir diese Personen schätzen, ja lieben, sie werden nur in den seltensten Fällen ein Ideal darstellen – vielleicht gerade, weil wir sie so gut kennen. Und Menschen werden immer auch Züge zeigen, die mit ihrem eigentlichen Charakter nicht übereinstimmen, ihm eventuell sogar widersprechen. Insofern werden wir mehr ein Vorbild in denen sehen, die wir aus der Distanz erleben, ja persönlich gar nicht kennen, vielleicht auch gar nicht so genau kennen möchten.

Vorbild heißt auch nicht, dass wir einfach eine Kopie davon werden wollen, sondern dass uns eine Möglichkeit des Handelns oder Seins vorgestellt wird, die uns zusagt, die wir für richtig halten, an der wir uns orientieren können. Diese Vorbilder – es werden immer mehrere sein – prägen je länger, je mehr unser Denken und daraus resultierend wohl auch unser Handeln.

Mein erstes Vorbild – oder weniger pathetisch ausgedrückt – die ersten Menschen, die mich aus der Ferne sehr beeindruckt haben, waren die Geschwister Scholl. Es hat mich tief angerührt, dass junge Menschen, nur wenige Jahre älter als ich, bereit waren Verantwortung für eine Haltung zu übernehmen, die sie für richtig hielten. Mir wurde klar, dass sich Moral nicht nur auf den sexuellen Bereich bezieht, wie ich es ansonsten gelehrt bekam. Niemand hatte uns gesagt, dass sich z. B. auch politisches Handeln an den Maßstäben der Moral messen lassen muss. Hier handelten junge Menschen moralisch in einer Welt, die jegliche Moral verloren hatte.

Der Schritt hin zum Widerstand im Dritten Reich im Allgemeinen war nicht groß. Ein Leben lang hat er mich beschäftigt. Gerade die Brüche im Leben dieser Widerstandskämpfer haben mein Interesse gefunden. Wären sie von Beginn an unangefochten ihren Weg gegangen, hätte ich sie nur bewundern können, sie hätten mir aber nicht Leitbild sein können. So habe ich mich mit ihnen auseinandergesetzt, mich über sie geärgert, sie nicht immer verstanden, aber im Letzten fand ich sie vorbildlich für mich. Gerade die Militärs, auch ein Graf Stauffenberg, brauchten lange, bis sie sich durchgerungen hatten, Nein zu sagen. Aber sie taten es schließlich doch. Und darauf kommt es an. Nie werde ich die Worte des Generalmajors Hennig von Tresckow vergessen, der nach dem Scheitern des Attentats vom 20. Juli 1944, wenige Stunden vor seinem Freitod, sagte: „Der sittliche Wert eines Menschen beginnt erst dort, wo er bereit ist, für seine Überzeugung sein Leben hinzugeben.“ Freilich weiß ich nicht, ob ich in einer vergleichbaren Situation im Sinne dieser Vorbilder gehandelt hätte

– der Mensch ist ein kompliziertes Wesen -, aber ich könnte mich nicht damit entschuldigen, dass ich ahnungslos gewesen sei. Auch Personen, die damals in Unrecht verstrickt waren, hätten zum Vorbild werden können, wenn sie nur den Mut aufgebracht hätten, zu sagen, dass sie einst falsch gehandelt haben, dass sie aber nun die Konsequenzen ziehen wollen. So aber hörte man in der Regel nur Lügen oder irgendwelche Ausflüchte.

Es gibt wenige Politiker, die ich vorbildlich fand. Für mich wurden zwei wichtig: Theodor Heuss und Willy Brandt. Bei Heuss gefiel mir die Mischung von Kultur und Politik, seine grundsätzlich liberale Gesinnung. Beeindruckt hat mich, dass er sich buchstäblich auf dem Totenbett noch Gedanken darüber machte, dass er einst für das Ermächtigungsgesetz gestimmt hatte. Brandt sprach mich wie kein anderer Politiker an. Er hatte Charisma – das lässt sich nicht leugnen –, für einen bestimmten Zeitraum. Er trat zum richtigen Zeitpunkt auf die weltpolitische Bühne – nach wenigen Jahren war seine Zeit vorüber, war er, war sein Wesen, war seine Haltung nicht mehr gefragt. Aber seine nachdenkliche Art, ja sein zögerliches Verhalten, und dann doch seine konsequent verfolgte Ostpolitik beeindruckten mich. Und dass ausgerechnet dieser Mann, der es am wenigsten nötig hatte, in Warschau auf die Knie fiel, wurde zum moralischen Vorbild.

Mein Denken hat auch eine ganz andere Art von Politiker beeinflusst: John F. Kennedy. Es geht nicht um seine jugendliche Haltung, die uns natürlich gefiel, sondern um Aussagen, die ich bei ihm fand. Nach seinem Tod las ich eine Reihe seiner Bücher. In einem ließ er sich ausführlich über Zivilcourage aus. Und diese wurde für mich wichtig, weil ich zum Gehorsam anderen gegenüber erzogen worden war, und nun erfuhr, wie wichtig es ist, im Alltag mutig zu sein. Uns war immer vom Mut der Helden auf dem Schlachtfeld erzählt worden. In Krisensituationen versuchte ich später, Zivilcourage zu zeigen, auch wenn das Herz ein wenig schneller schlug. Und es war mir ein Anliegen, die jungen Menschen im Klassenzimmer auf die Notwendigkeit dieser so wichtigen bürgerlichen Tugend hinzuweisen.

Zwei Männer der Geistes- bzw. Religionsgeschichte haben sicher auch mein Denken mitgeformt: Seneca und Martin Luther. Luthers Erkenntnis beim Ringen um einen gnädigen Gott habe ich ebenso übernommen wie seine Vorstellung von der Freiheit eines Christenmenschen. Überhaupt finde ich Luthers Weg, seinen Kampf vorbildlich, seine Leistung großartig. Freilich weiß ich auch um sein Versagen, seine fürchterliche Haltung den Juden gegenüber, seine Maßlosigkeit gegen die aufständischen Bauern. Sehr entgegen kommen mir Senecas stoische Gedanken. Ich denke, dass sie zu meiner Gelassenheit – mag sie auch ein Stück Naturell sein, wofür ich nichts kann – beitrugen.

Beeindruckt haben mich Menschen, die aufgrund ihrer Religion, wie Bonhoeffer oder Pater Delp, oder ihrer Ideologie, wie manche Kommunisten, so gefestigt waren, dass sie auch die Kraft hatten, einen schlimmen, aber für sie geraden Weg zu gehen. Dazu zählen ebenso Menschen, die Ja zu ihrem Schicksal sagen. Ein Freund hat mich in Schülertagen auf die lettische Schriftstellerin Zenta Maurina aufmerksam gemacht, deren umfangreiches literarisches Werk leider kaum jemand in Deutschland kennt. Sie musste fast ihr ganzes Leben im Rollstuhl verbringen und ließ sich nicht unterkriegen. Ich habe nicht nur gerne ihre Bücher gelesen, sondern sie bewundert.

Sicher wird es noch die eine oder andere Persönlichkeit geben, die mein Denken beeinflusst hat, mir Vorbild war – aber die hier Genannten sind mir bewusst bzw. deren Denken und Verhalten habe ich bewusst aufgenommen, eventuell übernommen.

Und wer hat mich von den mir persönlich Bekannten mitgeformt?

Großzügigkeit, Menschlichkeit, Nächstenliebe habe ich bei meiner Mutter und bei ihrer Freundin Elisabeth Streckfuß, für uns Tante Lisl, erfahren, vorgelebt bekommen. Auch wenn meine Mutter über nicht viele irdische Güter verfügte, war sie stets bereit, das, was sie hatte, mit anderen zu teilen – ohne viel Aufhebens zu machen –, dort im Rahmen ihrer Möglichkeiten zu helfen, wo sie es für nötig hielt. Unsere Tante hat viel für meine Mutter bei der Suche nach unserem Vater an Zeit und Geld investiert. Meine Mutter war der Situation vermutlich psychisch nicht gewachsen, wie der Einleitungssatz eines Schreibens an die Wehrmachts-Auskunftsstelle beweist: „In meiner großen Not wende ich mich an Sie.“ Für ihre Freundin war es eine Selbstverständlichkeit Briefe an Institutionen, an Kriegskameraden usw. zu schreiben, um etwas über unseren vermissten Vater herauszufinden. Es war für sie ebenso selbstverständlich, den vaterlosen Kindern an ihren Geburtstagen, an Weihnachten Freude durch sinnvolle und liebevoll verpackte Geschenke zu bereiten. Während meiner gesamten Gymnasialzeit hat sie mich Monat für Monat finanziell unterstützt. Ich weiß, dass sie auch anderen gegenüber großzügig war.

Wenn man nicht gefühllos ist, können solche Haltungen nicht spurlos an einem vorübergehen.

Dem bereits erwähnten Pfarrer Friedrich Graf habe ich viel an religiösem und biblischem Wissen zu verdanken, von dem ich bis zum heutigen Tag zehre. Er war kein Eiferer, kein missionarischer Mensch; hinter seiner Trockenheit verbarg sich viel Güte. Sein für mich ausgewählter Konfirmationsspruch: „Der Herr ist meines Fußes Leuchte und ein Licht auf meinen Wegen.“ hat mich ein Leben lang begleitet. Sein Konservatismus und seine Art Kenntnisse zu vermitteln hätten heute freilich keine Chance.

Während einer Freizeit auf der Burg Wernfels lernte ich einen ganz anderen Typ eines religiösen Menschen kennen. Karl Schmid, ein vermutlich ziemlich einfacher Mann, der gewiss kein traditionelles Theologiestudium absolviert hatte, begeisterte uns Jugendliche durch seine emotionale Weise, durch seine Art der Verkündigung und des Bekenntnisses. Ich denke, man wird ihn zu den Evangelikalen zählen müssen. Was ich im Religions- und Konfirmandenunterricht von Friedrich Graf erfahren hatte, wurde hier mit Leben gefüllt. Einige Freunde und ich waren so beeindruckt, dass wir uns später immer wieder zu einem Bibelgespräch trafen. Inzwischen weiß ich, dass Bekenner dieser Art auch gefährlich werden können, weil die Grenzen zum Irrationalismus und Fanatismus fließend sind. Ich bin zu rational – diese Eigenschaft habe ich von meiner Mutter geerbt –, um heute mit dieser Emphase etwas anfangen zu können, sie ist mir unangenehm. Aber dennoch war dieser einfache, bäuerliche Mensch für mich wichtig; ich bin froh, ihm begegnet zu sein.

Eine Weichenstellung bei meiner Berufswahl hat sicher mein bereits weiter oben erwähnter Deutschlehrer Heinrich Fleischmann, genannt Pluto, vorgenommen. Zwar habe ich schon immer gerne und viel gelesen, aber meine Entscheidung, selbst Lehrer für das Fach Deutsch zu werden, verdanke ich wohl ihm. Er war nicht unbedingt ein hervorragender Didaktiker, aber er war menschlich, wir konnten jederzeit zu ihm gehen, und er hat immer wieder seiner Begeisterung für einen Dichter oder ein Werk freien Lauf gelassen. Das heißt nicht, dass mich zwangsläufig jedes dieser Werke angesprochen hätte – bis heute habe ich nicht den von ihm gepriesenen „Messias“ von Klopstock gelesen –, aber dass sich jemand von einem literarischen Werk begeistern lässt und dies anderen gegenüber emphatisch zum Ausdruck bringt, das hat mich beeindruckt. Gefallen hat mir auch, dass er viele Themen in den Unterricht eingebracht hat, über die wir diskutierten. Natürlich waren diese Themen zeitgebunden; wer spricht heute etwa noch über Vaterland? Aber wir haben intensiv miteinander debattiert, ja gestritten – in einer Zeit, in der sich Lehrkräfte meist nicht als Diskutanten verstanden. Oder wer lässt sich heute noch über den „Wanderer zwischen beiden Welten“ von Walter Flex aus? Ihm hat dieser Teilnehmer des Ersten Weltkriegs wahrscheinlich deswegen so viel bedeutet, weil er selbst später Soldat war. Und wir haben zumindest einen Autor kennen gelernt, der einst viele angesprochen hatte.

Pluto ist einmal etwas gelungen, wovon ein Lehrer nur träumen kann. Es muss 1964 gewesen sein, als er uns von der Lyrikerin Christa Reinig aus Ostberlin, von der wir noch nie gehört hatten, berichtete. Sie war kurz zuvor im Westen mit einem Preis ausgezeichnet worden und nicht mehr in die DDR zurückgekehrt. Eine Reihe von Schülerinnen und Schülern war von den vorgestellten Gedichten so begeistert, dass wir sie spontan mit der Maschine abschrieben und mit Kohlepapier vervielfältigten – Kopiergeräte gab es ja noch nicht –, und zu kleinen Büchern hefteten. Sternstunde eines Lehrers!

Pluto habe ich noch weiteres zu verdanken. Lange Zeit langweilte mich Geschichtsunterricht eher, vor allem wenn es sich nicht um Zeitgeschichte handelte. Aber einmal hatte ich ein Saulus-Paulus-Erlebnis in seinem Unterricht. Es ging um die Schlacht bei Salamis im Jahr 480, als die Griechen unter Themistokles die Perser unter Xerxes besiegten. Wie ein elektrischer Funke, der überspringt und Großes bewirkt, so begeisterte mich dieses antike Ereignis und zwar durch die Vermittlung des Lehrers. Von da an war mein historisches Interesse geweckt.

Das literarische Interesse ist forciert worden durch meinen Freund Wolfgang. Im Gegensatz zu uns gab es in seiner Familie eigentlich keine Bücher. Aber aus irgendeinem Grunde fand er Freude an ihnen, er wurde ein Büchernarr, schon fast ein Bibliomane. Als ich in Schülerzeiten erstmals seine Regale, mit Taschenbüchern gefüllt, sah, war ich erstaunt, ja fast ein wenig neidisch. In den folgenden Jahrzehnten haben wir unendlich viel über Literatur gesprochen, uns über Bücher ausgetauscht, auf Neuerscheinungen hingewiesen, so manches Erlebnis mit einem Schriftsteller gehabt. Besonders verbindet uns das gemeinsame Interesse an den Themen Exil 1933 – 1945 und Judentum. Ich habe ihm viel an Informationen über den Literaturbetrieb zu verdanken. Wenn wir unsere Stadtgänge in regelmäßigen Abständen machen, dann heißt das immer Bummel durch die Buchläden – und es bereitet diebische Freude, wenn in einem Antiquariat der eine dem anderen ein Buch wegschnappen kann.

In diesem Kapitel kommt das Wort „beeindrucken" mehrmals vor. Ich denke, es ist ein geeignetes, weil plastisches Wort. Menschen haben Eindruck hinterlassen, haben sich durch ihr Verhalten, durch ihr Sein eingeprägt. Sie waren in diesem Zusammenhang die Aktiven, ich der Passive. Aber ich habe mich – hoffentlich! – nicht zur Kopie machen lassen, sondern habe das, was mir wichtig und richtig erschien, übernommen, umgeformt, weiterverarbeitet.

Wenn ich mich selbst prüfe, stelle ich fest, dass ich die konservative Erziehung im Elternhaus und in der Schule verinnerlicht habe und dass sie oft im Gegensatz zu meiner liberalen Einstellung, durch Rationalität erworben, steht. Das bedeutet, dass ich mir meiner Positionen nicht immer sicher bin bzw. sie vor mir manchmal verteidigen muss, da das, was man internalisiert hat, Ansprüche anmeldet. Wir sind alle Kinder unserer Zeit und – ob wir es wollen oder nicht – vom so genannten Zeitgeist geprägt. Ich war immerhin schon über zwanzig Jahre alt, als ich das neue Gedankengut der 68er kennen lernte! Nicht alles hat mich damals überzeugt, aber mir ist bewusst geworden, wie viel Konservatives oder besser Reaktionäres uns umgab und beeinflusste. Und ich bin froh und dankbar, dass es dieses Aufbegehren – das Wort „Revolte“ ist eigentlich zu stark – gab. Noch heute zehren wir alle von den erworbenen Freiheiten. Werte oder das, was als Werte ausgegeben worden war, wurden kritisch überprüft, Autoritäten in Frage gestellt, alte Herrschafts- und Machtstrukturen aufgebrochen, Neues gedacht. Unsere demokratischen Formen wurden nun wirklich mit Leben gefüllt. Politik sprach uns damals alle an. Als junger Lehrer habe ich kartonweise Materialien wie die Ostverträge von der Bundeszentrale für politische Bildung kommen lassen, weil die Schülerinnen hoch motiviert und interessiert am Geschehen waren. Die 60er und 70er waren eine Zeit des Aufbruchs.

Das Pendel mag inzwischen ein wenig zu weit in die andere Richtung geschwungen sein, nach dem Motto „Erlaubt ist, was gefällt.“ Alles ist relativ, alles unverbindlich, jeder soll nach seiner Facon selig werden, jeder ist für sich selbst verantwortlich. Hier rührt sich wieder mein konservatives Element, dies ist mir zu liberal oder besser liberalistisch. Gewisse verbindliche Werte müssen in einer Gesellschaft vorhanden sein, wir leben nun einmal nicht als Robinson allein auf einer Insel. Aber die Werte müssen immer wieder überprüft und dürfen nicht jahrhundertelang unreflektiert weitergegeben werden.

Mir gefällt auch nicht unser derzeitiger Materialismus. Wenn das eigene Wohlleben zum absoluten Maßstab gesetzt wird, brauchen wir uns über Mord und Todschlag nicht zu wundern; wenn der Werbeslogan „Geiz ist geil!“ zum Lebensmotto wird, müssen wir die soziale Kälte in Kauf nehmen; wenn wir nur an uns denken, dann dürfen wir nicht über Einsamkeit klagen. Ich habe stets Menschen wie Hermann Gmeiner, Gründer der SOS-Kinderdörfer, oder Bodelschwingh, den Vater der Heimatlosen, bewundert. Ich bin froh, dass in meiner Erziehung auch der andere, der Mitmensch, dem es nicht so gut geht, eine Rolle gespielt hat. In meinem Beruf konnte ich hautnah miterleben, wie selbstverständlich unsere Maria-Ward-Schwestern Hilfe auf den unterschiedlichsten Gebieten geleistet haben. Das hat mich stets beeindruckt.

Der Mensch braucht Ideen und Ideale. Wenn wir das Geistige ausklammern, werden wir unserem Mensch-Sein nicht gerecht. Mit dem Angebot unserer Fernsehprogramme, die kaum anderes als leichte, nein seichte Kost bringen, können wir nicht zu uns kommen, die Events allerorten benebeln uns, die Unverbindlichkeit macht uns träge, dumm und unmenschlich. Papst Johannes Paul II. hat einmal gesagt: „Äußere Freiheit ohne innere Befreiung erzeugt nur Chaos.“ Zur inneren Befreiung sind Werte nötig. Tiere brauchen keine Werte, sie kennen aber auch keine Freiheit (oder Unfreiheit). Ich bin dankbar, dass mir Werte vermittelt, d.h. auch Grenzen – und damit Orientierungspunkte gesetzt wurden; ich bin ebenso dankbar, dass ich die Chance erhielt, das weite

Feld des Geistigen kennen zu lernen. Freilich wird das Leben nicht unbedingt einfacher, wenn man viel erfährt, die unterschiedlichsten Positionen vermittelt bekommt, im Gegenteil, der Zweifel wächst, aber ich muss – und kann – meine Entscheidungen selbst treffen, brauche nicht einfach anderen nachzutrotten. Ich bin nicht nur eine abhängige Funktion, sondern ein Individuum!

Rom!

Keine andere Stadt ist so intensiv untersucht, so oft beschrieben, besungen, gemalt, verherrlicht, besucht worden wie die Stadt, die sich die Ewige nennt: Rom.

Die einen kamen einst, um die Antike kennen zu lernen, die Bildung zu vervollkommnen, sich inspirieren zu lassen, die anderen, um am Grabe des Petrus zu beten, geläutert zu werden, den Segen des Heiligen Vaters zu empfangen. Heute strömen mehr denn je in die Sieben-Hügel-Stadt, meist als Touristen, die einmal dort gewesen sein und unter anderem den Papst gesehen haben wollen. Den wenigsten wird diese Stadt ein echtes Bedürfnis sein. Von einem Rom-Erlebnis wird man kaum sprechen können. Aber das ist in Zeiten des Massentourismus nicht anders zu erwarten. Wenn man die Angebote vieler Reisebüros liest, ist man verwundert, was in drei, vier Tagen alles besucht oder besser abgehakt wird: Rom, Pompeji, Capri, Frascati usw. Mit dem Bus macht man eine Stadt-Rundfahrt, sieht aus der Ferne die Ruinen auf dem Forum, fährt am Kolosseum vorbei, lässt sich die Namen der Kirchen nennen und besucht als Höhepunkt kurz die Peterskirche. Und glaubt nun die Stadt zu kennen, ist beeindruckt von ihr, lobt sie, tadelt sie vielleicht wegen der mangelnden Sauberkeit, die nicht den deutschen Normvorstellungen entspricht, und studiert anschließend die Angebote, welches Ziel man als nächstes ansteuern soll.

Ich hatte das Glück, als Schüler in den letzten Klassen von einem Lateinlehrer unterrichtet worden zu sein, der nicht nur Rom als Gegenstand seines Faches kannte, sondern liebte und dem es ein Bedürfnis war, andere Menschen, zumal junge, in diese Liebe einzuweihen. Friedrich Koch ist dies in meiner Klasse wohl ausnahmslos gelungen. Sein Angebot, eine Studienreise als Abiturfahrt nach Rom durchzuführen, nahmen wir an, zumal wir von seiner Kennerschaft wussten. Und diese Fahrt 1964 war nicht nur ein Erfolg, weil wir unter angenehmen Bedingungen vieles lernten und sahen, sondern weil wir spürten, diese Stadt wird uns nicht mehr loslassen, wenn wir uns auf sie wirklich einlassen – und wir haben uns eingelassen und sind ihr ein Stück weit verfallen. Es gilt für meine Freunde Gunther und Wolfgang, es gilt für mich. Dies spiegelt sich wider in der Anzahl der Rom-Besuche, der jeweiligen Rom-Bibliothek, der Gespräche über diese Stadt, der geäußerten Rom-Sehnsüchte und Rom-Träume.

Ich hatte großes Glück: 1972 wurde ich von Schülerinnen gefragt, ob ich mit ihnen nach Rom fahren würde. Ich sagte Ja, konnte aber nicht wissen, dass sich daraus eine Tradition entwickeln würde, dass ich künftig mindestens einmal im Jahr in Italiens Hauptstadt kommen würde, um sie Schülerinnen, ja auch immer wieder Erwachsenen zu zeigen. So konnte und durfte ich einigen tausend

Menschen das Phänomen Rom nahe bringen. Gerade bei den Jugendlichen war es mir ein Bedürfnis, dass sie am Ende der Reise sagen konnten: Die Tage in Rom waren schön – und ich möchte wieder kommen. Wenn mir diese zwei Ziele gelangen, war ich zufrieden. Und ich erreichte sie fast immer: Die leuchtenden Augen, die römischen Ansichtskarten noch nach Jahren waren Bestätigung genug. Sie hatten und haben gespürt, dass Rom mehr als eine große Stadt ist.

In der Tat ist Rom eine große Stadt – und doch ist sie relativ klein. Das, was für den Besucher interessant und bedeutungsvoll ist, erstreckt sich vielleicht auf einen oder zwei Quadratkilometer. Sie ist eine Metropole – und doch provinziell. Sie kennt kaum ein Nachtleben, um 23.30 Uhr fährt die letzte Metro. Sie steckt voller Widersprüche – und stellt doch eine Einheit dar. Sie lebt wie kaum eine andere Stadt von ihrer Geschichte – und kann doch großzügig mit ihr umgehen. Das Kolosseum ließ sie so verkommen, dass ein spleeniger Amerikaner es kaufen und in seine Heimat versetzen wollte. Das erst traf den Nerv der Römer und machte Geld für die Restaurierung frei. Rom ist in der Tat eine ewige Stadt, sie ist in der Lage, Neues aufzunehmen, es mit dem Bestehenden zu verschmelzen und weiterzugeben. Aus „caput mundi“ der alten Römer wird das Zentrum der Christenheit. Der pontifex maximus wird zum Papst. Aus den Ruinen der Tempel ragen Kirchen empor. Die Sarkophage der Alten mutieren zum Brunnen oder zum Altar. „Rom hat gesprochen“ galt in der Antike, gilt für Katholiken bis zum heutigen Tag.

Rom hat mich seit 1964 nicht mehr losgelassen. Ich habe viel über diese Stadt gelesen: Reiseberichte, Impressionen, ich habe mich in wissenschaftliche Literatur vertieft, Kirchengeschichte, Papstgeschichte durchgearbeitet, die Werke antiker Autoren studiert. Ich bin allein durch die Gassen gestreift, ich habe Gruppen auf Besonderheiten aufmerksam gemacht, ich habe den Ausführungen kundiger Kenner gelauscht – und doch bin ich zu der Erkenntnis gekommen: Für Rom ist ein Leben zu kurz. Also doch: Roma Aeterna, Ewiges Rom!

So sehr ich diese Stadt liebe, so ärgerlich ist sie mir oft. Mich stören die immer stärker anwachsenden Menschenmassen, die Schamlosigkeit der Römer, die diese Situation finanziell ausnützen, die oft schwer nachvollziehbaren Maßnahmen der Museumsleitung. Wie kann man das Reiterstandbild Marc Aurel lieblos abseits in einer Museumsecke unterbringen, deren Glas nicht einmal entspiegelt ist? Erst 2006 ist es nach langen Jahren der merkwürdigen Aufbewahrung repräsentativ aufgestellt worden. Warum entfernt man im Kapitolinischen Museum die Schilder an den Büsten, die man Jahrzehnte zuvor angebracht hat, und lässt den Betrachter somit ratlos vor den Plastiken stehen? Warum verschwindet aus dem Forum der Lapis Niger, der zuvor wie ein Schatz geschützt worden ist? Wo befindet er sich jetzt? Ist ein Hinweisschild zu viel verlangt? Müsste nicht eine Stadt, die von Touristen lebt, ein sinnvolles Verkehrskonzept erstellen? Ist es gut, wenn Besucher erst nach einem langen Fußmarsch zum Objekt ihres Interesses kommen, nur weil seit neuestem der Bus nicht mehr für einen Ausstieg halten darf? Selbst römische Reiseführer schütteln nur den Kopf. Es gibt viele Ärgernisse!

Natürlich verleidet dies einen weiteren Besuch. Und doch: Wann war ich mit meiner Frau das letzte Mal in Rom? Sollten wir uns nicht bald wieder einmal aufmachen?

Ich wurde oft gefragt, ob es mich nicht langweile, immer nach Rom zu fahren, immer das Forum, die Peterskirche, die Piazza Navona zu zeigen, durch die Vatikanischen Museen zu führen etc. Ich kann nur Nein sagen; es sind ja immer andere Menschen, die vor mir stehen und denen ich etwas erkläre. Auch im Unterricht besprach ich wiederholt den „Faust" oder „Maria Stuart" und langweilte mich nicht dabei, denn auch hier saßen stets andere Mädchen vor mir, die anders reagierten, andere Einwände vorbrachten, andere Auffassungen vertraten als ihre Vorgängerinnen. Das ist ja das Schöne am Lehrberuf, dass wir jährlich mit anderen Schülern, natürlich auch oft mit anderen Inhalten, zu tun haben

Ebenso wurde ich oft gefragt, warum ich mir die Mühe mache und Reisen für Erwachsene vorbereite und durchführe. Selbstverständlich bereiten solche Unternehmungen Arbeit, viel Arbeit, und es gibt durchaus auch einmal Ärger mit Hotels, mit Reisebüros oder Fluggesellschaften (eigentlich nie mit den Teilnehmern der Reise). Aber es gibt so viel Schönes und Interessantes auf unserer Erde, das ich anderen gerne zeigen möchte. Wenn man so will, schimmert hier wieder der Lehrer durch. Wie ich mich über junge Menschen freuen kann, die ein Aha-Erlebnis haben, so freue ich mich über Erwachsene, die an einem Bauwerk, einer Plastik, einer Landschaft Gefallen finden, die sie vielleicht ohne mich nicht gesehen und erlebt hätten.

Vor allem habe ich Gruppen nach Italien geführt: natürlich sehr oft nach Rom, aber auch in die Toskana, nach Sizilien, nach Oberitalien; in den letzten Jahren waren Ziele die Steiermark, Leipzig und Weimar, Mecklenburg-Vorpommern.

Ich möchte diese Reisen nicht missen, denn ich habe selbst viel dabei gelernt. Man bereitet sich viel intensiver vor, wenn man anderen etwas zeigen und erklären will; so wird das eigene Wissen erweitert, Zusammenhänge werden eventuell deutlicher und man wird in vielerlei Hinsicht gefordert. Außerdem – dies sollte man nicht unterschätzen – lernt man im Laufe der Jahre viele

Menschen kennen, mit denen man sonst niemals zusammen käme. In jedem Falle gilt der Ausspruch Graham Greenes: „Keiner kehrt von einer Reise so zurück, wie er weggefahren ist."

Im Land der Franken

Sätze wie „Ich bin Deutscher", „Ich bin Bayer" oder „Ich bin Nürnberger" wird man von mir nicht gehört haben, schon gar nicht mit betontem Stolz. Wenn ich eine Ortsangabe machen muss, dann sage ich: „Ich komme aus Bayern, ich wohne in Nürnberg." Mir sind Betonungen, dass ich Teil eines größeren – glanzvollen – Ganzen bin, unangenehm, obwohl ich Bayern mit seinen unterschiedlichsten Landschaften schätze, obwohl ich kein gestörtes Verhältnis zu Deutschland habe und obwohl ich gerne seit fünfzig Jahren in Nürnberg wohne und diese Stadt liebe.

Am ehesten sage ich: „Ich bin Franke", obwohl mir jede übermäßige Franken-Begeisterung fremd ist und ich keine separatistischen Abnabelungsgedanken gegenüber Bayern hege. Ich fühle mich einfach wohl in diesem Landstrich, der keine aufregende Gebirgslandschaft kennt, an dem kein Meer tost, dessen Anziehungskraft für Touristen sich in Grenzen hält. Gefühle für dieses Land stellen sich regelmäßig ein, wenn ich mit meiner Frau aus dem Urlaub aus Spanien oder Frankreich zurückkehre, also aus westlicher Richtung komme, und bei Feuchtwangen und Ansbach die kleinen Dörfer, oft nur den spitzen Kirchturm, hingeschmiegt an die sanften Hänge der Äcker- und Wiesenlandschaft, sehe, wenn für einige Momente ein spitzgiebeliges Fachwerkhaus auftaucht, wenn sich Felder und Mischwälder abwechseln. Dann sage ich meist zu meiner Frau etwas pathetisch: „Das ist Franken!" und mir wird ein wenig warm ums Herz. Gerade nach den Bildern, die man in den Wochen zuvor in der Weite der verbrannten Meseta, in der von ehemaligen Vulkanen geprägten Auvergne, im dunklen Schwarzwald aufgenommen hat, erscheint dem Auge diese westmittelfränkische Landschaft so beruhigend, unaufgeregt und heimelig. Die Altmühlstädtchen wie Herrieden, Merkendorf oder Ornbau bezaubern den Besucher durch ihre Verschlafenheit – daran ändern auch Autos und nicht ins Bild passende moderne Gebäude nichts – und ihre wahrscheinlich schon immer überflüssigen Stadtmauern mit ihren wuchtigen Toren. Ich möchte nicht in diesen Orten wohnen, aber ich kehre gerne in einem ihrer Gasthöfe mit so vertrauenserweckenden Namen wie „Zum goldenen Löwen" oder „Zum roten Ochsen" ein, um einen Schoppen erdigen Frankenweins zu trinken. Was passt besser dazu als eine Portion „Stadtwurst mit Musik" oder Bauernbrot mit „Obatztem"! Das ist für mich ein Stück Heimat.

Ich wohne seit fünf Jahrzehnten in Nürnberg, fühle mich wohl in der Anonymität einer Stadt, die freilich eine überschaubare Größe hat, so dass ich in der Innenstadt immer wieder Bekannte treffe. Ich möchte nicht die Fassade der Frauenkirche, die Sebalduskirche mit ihrem dunklen romanischen Längsschiff und ihrem hellen Hallenchor, dessen gotische Säulenbündel in den Himmel zu wachsen scheinen, missen. Ich bleibe immer wieder an den Sehenswürdigkeiten stehen, deretwegen so viele Touristen zu uns kommen: am Schönen Brunnen, an der Lorenzkirche, am Ehe-Karussell. Ich genieße es, so privilegiert zu wohnen. Ich muss keine Reise antreten wie die anderen, um die gewaltige Burg zu besuchen. Ich kann sie bei Vormittagssonne sehen, wenn ich einkaufe, ich kann sie verschwommen im Sommersonnenglast erkennen, ich kann sie beiläufig abends oder nachts romantisch illuminiert erleben. Manchmal verhalte ich mich wie ein Tourist, studiere mit einem klugen Reiseführer in der Hand den Englischen Gruß von Veit Stoß, das Sakramentshäuschen von Adam Kraft, das Sebaldusgrab von Peter Vischer. Und was gibt es Gemütlicheres als im „Bratwursthäusle" zu sitzen, in dem das offene Feuer lodert, und „zehn mit Kraut" zu bestellen! Da mögen die modernen Tourismus-Manager oder wer auch immer getrost über Bratwürste und Butzenscheiben geringschätzig lächeln. Ich freue mich auch, dass um 21 Uhr die Glocke von St. Lorenz den Verkehrslärm übertönt und ihr dunkles Läuten selbst bei uns in Zabo zu hören ist. In Franken heißt das „Gebetläuten". Ich lebe gerne in dieser fränkischen Stadt, die wenig mit Metropole, aber viel mit Provinz zu tun hat.

Mir entspricht der zurückhaltende, vielleicht etwas schwerfällige fränkische Menschenschlag, der nichts mit der Schnoddrigkeit und der Eile des Preußen anfangen kann, der aber ebenso die „grantlnde Gemütlichkeit" des Bayern nicht kennt. Auch ich setze mich im Gasthaus nur ungern zu anderen Menschen an den Tisch, auch ich bin kein flotter Redner und das „Sinnieren" ist mir ebenso nicht unbekannt. Ich denke, ich bin ein Franke – obwohl ich den fränkischen Dialekt nicht sprechen kann, aber sehr wohl gelegentlich auf die fränkische Weichheit der Konsonanten hereinfalle.

Mein ganzes Leben hat sich in dem Dreieck Thalmässing, Erlangen und Nürnberg abgespielt. Ich bin gewissermaßen nicht aus Mittelfranken, abgesehen von Urlaubsreisen, hinausgekommen. Dies war kein Lebensentwurf, es hat sich eben so ergeben. Ich beklage es nicht, auch wenn ich meine Kinder dazu gedrängt hätte, eine Zeitlang im Ausland zu leben, nicht an der nächstgelegenen Universität zu studieren, Welterfahrung zu erlangen.

Alles hat seine Zeit

„Alles hat seine Zeit. Geboren werden hat seine Zeit, Sterben hat seine Zeit.“ (Prediger, 3) Ein weiser Satz. Ein Satz, in dem viel Lebenserfahrung steckt, ja der vielleicht die Summe eines Lebens darstellt.

Wenn wir an Vergangenes zurückdenken, sagen wir oft: „Heute würde ich es anders machen.“ Heute! Aber damals handelten wir so. Und in zwanzig Jahren würden wir wieder beteuern: „Heute würde ich es anders machen.“ Wir können aber nicht ständig unsere Handlungen, unser Sein verändern, angeblich verbessern. Ein nie vollendetes Flickwerk wäre das Ergebnis. Wir müssen zu dem stehen, was wir einst getan haben. Das ist gut so, denn unser Handeln hat auch mit Verantwortung zu tun.

Freilich gibt es Dinge, wofür wir nichts können. Wir wurden in eine bestimmte Familie hineingeboren, wir wuchsen im Krieg oder im Frieden auf, wir kamen gesund oder behindert auf die Welt, wir sind intelligent oder dumm. Wir können uns darüber freuen, wir können darüber klagen. Ändern können wir nichts. Wir müssen Ja sagen und versuchen das Beste daraus zu machen.

Und gerade im Rückblick stellen wir oft fest, dass es gut ist, wie es war. Ich bin heute dankbar für die Armut, in der ich als Kind aufgewachsen bin. Ich schätze heute das, was ich habe, den alltäglichen Wohlstand, die Reisen, die ich unternehmen kann, das Theater, das ich mir leisten, das teuere Buch, das ich mir kaufen kann. Ich weiß, dass Wohlstand und Luxus nicht selbstverständlich sind.

Ich möchte heute nicht Jugendlicher sein, obwohl der Freiheitsraum um vieles größer ist als einst. Gewiss, wir waren eingeengt, die sozialen Kontrollen waren störend, die Eltern oft übermächtig. Aber sind die Jugendlichen heute nur glücklich? Wohl kaum. Wir Lehrkräfte kennen die Nöte unserer Kinder und die Zeitung berichtet uns täglich davon.

Manchmal bedauere ich, dass ich nicht ins Ausland gehen konnte, um dort zu studieren und vielleicht selbstsicherer, sprachgewandter zu werden. Aber wäre ich es geworden? Es gibt keine Garantie – und außerdem war ein Auslandsaufenthalt damals weder üblich noch notwendig. Die Zeit war eine andere.

Wenn ich die heutigen Schüler sehe, wie sie den Lehrern in Augenhöhe begegnen, wie sie ihnen gegenüber sprachgewandt sind, und uns nehme, die wir unsicher und unbeholfen waren; wenn ich ihre aufgeschlossenen und verständnisvollen Lehrkräfte mit unseren vergleiche, die wie kleine Tyrannen auftreten konnten, wenn es ihnen beliebte – kommt in mir Zorn hoch. Aber dann stelle ich fest, dass viele Schüler heute ihre Lehrer keineswegs als Partner ansehen und offensichtlich ähnlich an der Schule leiden wie in früheren Zeiten. Und ich muss mich zu der Erkenntnis durchringen: die Formen haben sich geändert, nicht unbedingt der Inhalt. Wieder Zeitabhängigkeit!

Ich möchte nicht noch einmal zwanzig oder dreißig sein. Gewiss, ich könnte noch Nächte durchfeiern ohne dies büßen zu müssen, ich wäre vielleicht unbeschwerter als heute, ich wäre … – ach was! Ich müsste viel lernen, Prüfungen ablegen, wäre von Vorgesetzten abhängig, müsste noch einmal all das korrigieren, was ich glücklicherweise hinter mich gebracht habe. Ich würde erneut die gleichen Fehler machen – Max Frisch hat dies doch in seinem Werk immer wieder gezeigt.

Wir müssen zu dem Heute stehen. Wir müssen in der Gegenwart bewusst leben. Dann können wir auch im Rückblick Ja sagen zu dem, was war – sei es gelungen oder nicht. Das schließt natürlich nicht aus, dass wir aus Vergangenem Lehren ziehen.

Wenn wir bewusst leben, erfüllen wir vielleicht auch eher das, was man von uns erwartet, jeder auf seinem Platz. Und niemals sollten wir vergessen, dass unsere Zeit begrenzt ist.

Als junger Mensch möchte man Leistungen erbringen, wovon noch Generationen später sprechen, wovon Denkmäler künden. Wenn man älter wird, freut man sich über Spuren, die eine Zeitlang zu erkennen sind, ehe der unbarmherzige Wind der Zeit darüber hinweg weht und sie verwischt. Goethe hat ein anderes Bild dafür verwendet:

„Ein ewiger Strom:
Uns hebt die Welle,
Verschlingt die Welle,
Und wir versinken.

Ein kleiner Ring
Begrenzt unser Leben,
Und viele Geschlechter
Reihen sich dauernd
An ihres Daseins
Unendliche Kette.“

Ich hoffe, ein klein wenig dazu beigetragen zu haben, dass der Ring unserer Generation so stark ist, um das nächste Glied zu binden!

Charlotte Bühl-Gramer*

Nachwort

„...und der Schulhausmeisterin Kraus ihr
Günther, mit dem ich erst ganz zum Schluss
meiner Dorfzeit beim Laubsägen
so gerne zusammenkam."

Godehard Schramm:
Mein Königreich war ein Apfelbaum.
Kindheitsroman. München 2005, S. 207

Lebensgeschichtliches Erzählen ist niemals nur eine erinnernde Rückschau auf die eigene Vergangenheit. Es ist immer auch ein zeitlich-biographischer Vermittlungsakt zwischen den verschiedenen Zeitebenen Vergangenheit, Gegenwart und Zukunft und ein Diskursraum zwischen der eigenen Person und ihrer sozialen Umwelt. Im Rückblick werden dabei die persönlichen Erinnerungen nachträglich in Form und Struktur gebracht. Denn erst der Zusammenhang der Lebensgeschichte, der sich in der Retrospektive einstellt, weist einzelnen Erlebnissen und Erfahrungen ihre Bedeutung zu.

Im Lebensrückblick von Günther Kraus oszillieren die 18 kurzen Kapitel daher auch immer wieder zwischen einst und jetzt, aber auch zwischen dem vergangenen Geschehen und den Erinnerungsreflexen, den späteren Anreicherungen und Aufschichtungen der Erinnerung, die in die Gegenwart münden. Beides – Geschehenes und Erinnertes – ist nicht identisch, aber aufs Engste miteinander verwoben. Das „Andere", „Frühere" wieder aufsuchend, wird zur Gegenwart in Beziehung gesetzt und kann zeigen, wie und warum jemand so geworden ist, wie er ist. Retrospektive Verklärung, Larmoyanz oder gar eitle Selbstbespiegelung liegen Günther Kraus dabei völlig fern. Vielmehr wird das eigene Leben nicht nur in seiner sozialen Umwelt, sondern als tief in zeitgeschichtliche Kontexte eingebettet erfahren und erzählt – diese werden als erlebte und kommentierte Geschichte in der persönlichen Lebensgeschichte reflektiert.

Das autobiografische Gedächtnis nimmt, gerade bei ihm, der 1965 bis 1970 in Erlangen Geschichte studiert und über 30 Jahre lang Geschichte unterrichtet hat, immer auch das historische Gedächtnis zu Hilfe, da die allgemeine Geschichte jene des eigenen Lebens umfasst und als in hohem Maße identitätsrelevant erfahren und beschrieben wird. „Zeitleben" nennt Günther Kraus denn auch in seinem Vorwort diese Verknüpfung des eigenen, fortschreitenden und fortgeschrittenen Lebens mit Geschichte. Die eigene Lebensgeschichte als „Zeitleben" zu fassen, bedeutet für ihn vor allem ein Stück weit eine generationelle

Verortung des eigenen Lebens. Generation wird dabei in einer horizontalen und einer vertikalen Perspektive thematisiert: Im horizontalen Zugriff werden die eigenen Sozialisationsbedingungen, Erfahrungen und Erlebnisse auch als altersspezifische Ausprägung, als Teil einer kollektiven Erfahrung und daraus abgeleiteter Gegenwarts- und Zukunftsperspektive verstanden und geschildert. Als basale Erlebnisschicht und besonderes Zeitfenster beschreibt er vor allem Kindheit und Jugendjahre in der Nachkriegszeit. Sie nehmen in der Schilderung der Lebensgeschichte(n) den größten Raum ein. Eng damit verwoben ist auch die Thematisierung von Generation in vertikaler Perspektive: der Familie als zentrale Bezugsgröße der Kindheit. Diese Familie ist eine kleine, dreiköpfige, vaterlose Familie, auch dies eine generationelle Grunderfahrung jener Zeit: Etwa 25 % aller Kinder der Kriegs- und Nachkriegszeit wuchsen in Deutschland ohne Vater auf – Vaterlosigkeit war also ein Massenschicksal in einer Zeit, in der traditionelle Familienkonstellationen – zumal auf dem Land – noch fundamentale Bedeutung hatten. Die Leerstelle des nie gekannten Vaters kann dabei vom Sohn nicht mit Bildern oder Erinnerungen gefüllt werden und bleibt wohl auch gerade deshalb ein lebensbegleitendes Thema.

Der biografisch-historische Erlebnisraum umfasst die alltags- und mentalitätsgeschichtliche Mikrohistorie des dörflichen Lebens in den 1940er und 1950er Jahren, aber auch die Wahrnehmung und Prägung durch die „große" Geschichte der 1960er Jahre, die als „spannende Jahre", aber auch als „Angstereignisse" bezeichnet und erlebt werden. Das zeitgeschichtliche Panorama reicht dabei von der Erinnerung des Elfjährigen an die Entlassung der Kriegsgefangenen aus der Sowjetunion im Jahr 1955 bis in die späten 1960er Jahre. Sie werden als Zeit des Aufbruchs, als entscheidende Jahre der eigenen politischen Sozialisation sowie als Fundament für die eigene gesellschaftliche Selbstverortung thematisiert. Diese ist getragen von einem hohen Ethos von Verantwortung, gesellschaftlichem und bürgerschaftlichem Engagement. Die durchaus auch von Zufällen geprägte Entscheidung für den Lehrerberuf erscheint dem Leser dabei als konsistenter Weg.

Der biografische Erfahrungsraum, der hier abgeschritten wird, kann ebenfalls ein Stück weit als generationenspezifisch gelesen werden: Er bleibt überschaubar, geht über Mittelfranken nicht hinaus. Erstreckt er sich doch – jenseits von Urlaubserlebnissen – zwischen der Kindheit im Dorf Thalmässing, der Studienzeit in Erlangen und dem Wohn- und Arbeitsort Nürnberg in seiner längsten Ausdehnung auf einer Achse von gerade einmal 75 Kilometern. Vor allem die Kindheitsgeschichte(n) aus Thalmässing, einem Dorf, das 1946 1.680 Einwohner zählte, schildern ein ländliches Milieu, das spätestens seit den 1970er Jahren zu verschwinden beginnt. Der Schriftsteller Godehard Schramm – acht Monate älter als Günther Kraus – hat ebenfalls Thalmässing immer wieder als Ort seiner Kindheit beschrieben, zuletzt im Jahr 2005 in seinem Buch „Mein Königreich war ein Apfelbaum". Im Unterschied zu Günther Kraus kam er als

Fünfjähriger in das Dorf und verließ es auch noch während seiner Schulzeit wieder, doch kreuzten sich auch ihre beiden Leben an diesem Ort. Poetischer Kindheitsroman eines Schriftstellers und lebensgeschichtliche Erinnerung eines Literarturliebhabers – es sind zweifellos zwei ganz unterschiedliche Textsorten. Doch sie kurz hintereinander zu lesen, hat dabei seinen ganz eigenen Reiz. Denn aus beiden Lektüren kann der Leser neben den ganz eigenen, unterschiedlichen biografischen Signaturen doch auch diesem Generationen-Gedächtnis an ein und demselben Ort nachspüren: Beide schildern sich als Fahrschüler an einem Schwabacher Gymnasium mit der „Gredl", beide wollen nach der Lektüre der Jugendbücher von Erich Kloss Förster werden, und beide erzählen, wie der Gemeindediener mit der Glocke durch die Straßen läuft, um Bekanntmachungen zu vermelden.

Für Goethe, dem Lieblingsschriftsteller des Autors, ist die Verortung des Selbst in der Geschichte das zentrale Paradigma autobiografischen Schreibens. Im Vorwort seiner Autobiografie „Dichtung und Wahrheit" formulierte er 1811: „Denn dies scheint die Hauptaufgabe der Biographie zu sein, den Menschen in seinen Zeitverhältnissen darzustellen und zu zeigen, inwiefern ihm das Ganze widerstrebt, inwiefern es ihn begünstigt, wie er sich eine Welt- und Menschenansicht darauf gebildet, und wie er sie, wenn er Künstler, Dichter, Schriftsteller ist, wieder nach außen abgespiegelt."

„Alles hat seine Zeit" ist nicht das Buch eines Künstlers, Dichters oder Schriftstellers. Es ist eine facettenreiche Schilderung einer persönlichen Lebens- und Erfahrungsgeschichte aus Mittelfranken – ein ruhiger Rückblick ohne Zorn, ohne verklärende Nostalgie oder fränkische Heimattümelei. Zugleich gibt es aufschlussreiche Einblicke in die Prägekräfte einer Lebensgeschichte, in die Genese von zentralen Lebensthemen, in das Gewordensein von Haltungen und Überzeugungen. Nicht zuletzt ist es auch ein Plädoyer für Selbstreflexion. Für mich hält dieses Buch freilich noch eine ganz besondere, private Lesart bereit – die einer ehemaligen Schülerin des Autors.

* Charlotte Bühl-Gramer, geb. Bühl, (* 23. Februar 1963 in Nürnberg) ist promovierte Historikerin, Schriftstellerin, Lexikographin und als Professorin InhaberindesLehrstuhlsfürDidaktikderGeschichteanderUniversitätErlangen-Nürnberg.(https://www.nuernbergwiki.de/index.php/Charlotte_Bühl-Gramer)

Der Geist in fränkischen Lander

PRÄSENTATION „Buchfranken" ist eine ambitionierte und üppige neue Reihe überschrieben, die der Publizist Hermann (
und der Röttenbacher Verleger Johann Schrenk herausgebracht haben. Zehn Titel liegen schon vor.

VON UNSEREM REDAKTIONSMITGLIED
CAROLIN HERRMANN

Freilich geht's in der Reihe „Buchfranken" auch um die Bratwurscht, ums geradezu göttliche fränkische Essen und Trinken. Doch Hermann Glaser (rechts unten) und der Verleger Johann Schrenk sind dem herrschenden Geist hinter den fränkischen Dingen auf der Spur, so wie er sich auch beim Aufmarsch der Nationalsozialisten 1942 vor der Coburger Ehrenburg zeigte.

Fotos: Archiv/Carolin Herrmann

Nürnberg/Coburg – Die Franken. Wer sen denn die, vor allem heute? Des wissn sa selber ned. Wos einigen wurscht ist von Oberüber Mittel- bis Unterfranken und des auch noch auf verschiedene Weise. Anderen aber auch nicht. Die Anderen machen sich Gedanken. Vor allem, weil rund herum so viele gar so selbstbewusst aufstampfen, allen voran diese krachenden Bayern. Des bedrängt doch.

Zu den Anderen gehören der frühere Nürnberger Kulturreferent und Autor in tausend Themen, Hermann Glaser, und der Verleger Johann Schrenk, beide promoviert oder noch mehr, also sehr gescheit. Die beiden haben sich eine neue Buchreihe aus und über Franken ausgedacht, denn Buch macht bekanntlich kluch. Weshalb es gar nicht genug Bücher sein können, die auf diesem neuen Forum präsentiert werden (sollen). „Buchfranken" wurde es praktisch und gut überschrieben. In einer ersten Staffel waren schon fünf Bände auf dem Markt, bevor die im Röttenbacher Schrenk-Verlag herausgebrachte Reihe überhaupt offiziell und feierlich der fränkischen Öffentlichkeit übergeben wurde – selbstverständlich in einer passenden Lokalität namens „Zur Heimat" im tiefsten Gostenhof, Nürnberg. Dabei kam es dann aber gleich zur Übergabe der nächsten fünf Bände, wobei die dritte Staffel schon im Dezember da sein soll. A ganz schöss Brogramm also.

Heimat hin oder her, dass diese Herausgeber tümeln wollten, ist nicht vorstellbar. Auch das Krimitechnische wird mittlerweile in anderen Verlagen gut besorgt. Das Kabarettistische hat viel zur fränkischen Identitätsstabilisierung beigetragen. Wos jedzd denn dann nuch? No vielleicht des Eichendliche, was zu bestimmen selbstverständlich ein weites Feld ist.

> *Als ob man Heimat finden könnte. Wo sie doch da ist.*
>
> **Hermann Glaser** Autor

Das braune Franken als Brücke

Deshalb geht es in dieser ehrgeizigen Reihe ziemlich quer durch und wer weiß noch wohin, von Nürnbergs Rolle in der Elektrogeschichte und dem Technikpionier Conrad Georg Kuppler bis zur Fußballgeschichte und der fränkischen Theaterlandschaft dann in der nächsten Staffel.

Dass die jetzt vorgeführte zweite Staffel mit „Lukullus in Franken" startete, beißt dem Niveau ka Eck ab, denn erstens: Essen und Trinken in Franken - haben wir bewusstseinsmäßig verinnerlicht – sind etwas Göttliches, in jedem Fall Hochgeistiges. Zweitens gibt`s hier selbstverständlich ka einfachs Kochbuch, auch ka hypergestaltetes, sondern eine aufwändig zusammengestellte Anthologie mit vielerlei geistigen, mehr oder weniger skurril beleuchteten Essenzen plus essenzielle Rezepte der fränkischen Basiskultur.

Auf dieser Grundlage kann man dann „Das braune Franken" – na, richtig verdauen wahrscheinlich nicht, aber immerhin ins Auge fassen. In diesem Band zeigt der frühere Leiter des Coburger Staatsarchives, Rainer Hambrecht, dass „Die Brücke Franken" samt einem ihrer Pfeiler namens Coburg eine entscheidende Station auf Hitlers Weg von München nach Berlin war. Weiteres Geschichtliches ist zu erwarten, etwa zu den fränkischen Spuren in Lateinamerika.

Und das Literarische: „Variationen in Dur und Moll" bringt Gedichte vergessener fränkischer Autoren. Band 4 bereits geht amerikanischen Dichtern und Denkern in Franken nach, Band 14 wird das Leben von Hermann Kesten beschreiben.

Dass der Alte, der 88-jährige Hermann Glaser fast überall eifrig mitmischt, kommt daher, dass es nicht aufhört, aus ihm zu sprudeln. Seine „Familienprosa" unter dem Titel „Irgendwie traurig, vielleicht auch heiter", in der er die eigene Geschichte, aber eben auch Land und Leute erfasst, erscheint hier in fünfter Auflage. Den „Lukullus" hat er heraus- und auch divers
nen Senf dazugegeben.
schichtliche war und ist s
liegen, die Lyrik sowieso

Mit Glaser agieren in
franken" weitere en
fränkische Publizisten u
toriker. Dass Oberfrank
ker in den Focus gerück
ist nicht ausgeschlossen
der Verleger. Dass das
„Buchfranken" für den
Verlag eine besondere
forderung darstellt, sei e
Man kann ihn unterstütz
dem man die Reihe abon

Buchfranken lukullisch bis historisch kritisch

Das Projekt Der Röttenbacher Verleger Johann Schrenk und der Publizist Hermann Glaser betreuen die Reihe „Buchfranken", die sich in sechs farblich typisierten Themenfeldern dem Genüsslichen und Lukullischen, Natur, Technik und Ökonomie, Geschichtlichem, Reisen, Freizeit und der Region, Biographischem sowie Lyrik, Prosa, Film und Theater widmet. Erschienen sind im Schrenk-Verlag bisher zehn Titel, die dritte Staffel soll im Dezember 2017 vorliegen. In handlichem Format, kartoniert und schwarz-weiß illustriert, umfasst jeder Band etwa 150 Seiten und kostet 14,90 Euro, eine komplette Staffel 65 Euro. Abonnements erfolgen direkt über den Buchhandel. Weitere Informationen unter www.buchfranken.de

Einige ausgewählte Titel

- Winston Kelley: Amerikanische Dichter & Denker in Franken. 1815 bis 1901.
- Hermann Glaser (Hrsg.): Lukullus in Franken. Ausgekochte Kultur. Eine illustrierte Anthologie zu Essen und Trinken.
- Otto Glaser/Johannes Wi
Hildegart Jahn-Reinke: Var
tionen in Dur und Moll. Ged
von Vergessenen.
- Rainer Hambrecht/Wolfga
Mück/Siegfried Kett/Herm
Glaser: Das braune Franke
Hitlers Weg von München
Berlin. Das völkische und b
ne Ober-, Mittel- und Unter
ken.
- Hermann Glaser: Irgendwi
traurig, vielleicht auch heite
Meine Familienprosa. Autob
graphische Texte.

Buchfranken

Bücher über und aus Franken
im Schrenk-Verlag

2018

Die neue Buchreihe

Staffel 1

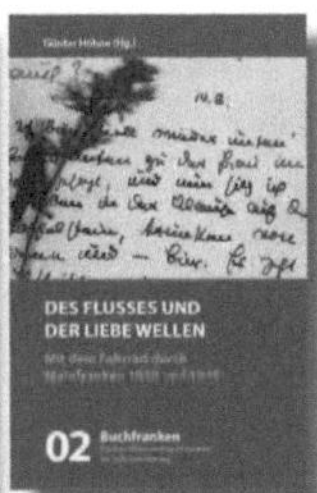

Staffel 2

Staffel 3

Staffel 4